E. T. A. Hoffmann
Zeichnungen und Karikaturen

Herausgegeben von Claudia Liebrand

Reclam

RECLAMS UNIVERSAL-BIBLIOTHEK Nr. 14240
2022 Philipp Reclam jun. Verlag GmbH,
Siemensstraße 32, 71254 Ditzingen
Umschlagabbildung: E. T. A. Hoffmann zeichnet
(Ausschnitt aus Abb. 38, vgl. S. 122 f.)
Gestaltung: Cornelia Feyll, Friedrich Forssman
Druck und Bindung: Eberl & Koesel GmbH & Co. KG,
Am Buchweg 1, 87452 Altusried-Krugzell
Printed in Germany 2022

ISBN 978-3-15-014240-0
www.reclam.de

Inhalt

Einleitung. Hoffmann als Zeichner 7

I. Werkillustrationen und Zeichnungen, die auf Hoffmanns Texte Bezug nehmen 11
Lebens-Ansichten des Katers Murr nebst fragmentarischer Biographie des Kapellmeisters Johannes Kreisler in zufälligen Makulaturblättern 12
Klein Zaches genannt Zinnober. Ein Märchen 26
Der Sandmann 30
Nussknacker und Mausekönig. Märchen 32
II. Der Kunz'sche Riss (1815) 37
III. Verschiedenes 63
IV. Selbstporträts Hoffmanns 83
V. *Prinzessin Brambilla. Ein Capriccio nach Jakob Callot. Mit 8 Kupfern nach Callotschen Originalblättern* 97

Textnachweise 117
Verzeichnis der Abbildungen 118
Literaturhinweise 125

Einleitung

Hoffmann als Zeichner

Bei E. T. A. Hoffmann, dessen Todestag sich 2022 zum 200. Mal jährt, handelt es sich um einen der aufregendsten und eigenwilligsten deutschen Autoren des 19. Jahrhunderts – einen Autor mit weltliterarischer Wirkungsgeschichte. Mit Goethe, Kleist, Eichendorff und Kafka gehört er zu den ›Dichterjuristen‹ – und war als Jurist erfolgreicher als die meisten seiner Schriftstellerkollegen. Neben der juristischen und der schriftstellerischen Tätigkeit wirkte er als Komponist (er komponierte die erste romantische Oper: *Undine*), als Kapellmeister, Musikkritiker, Maler (bekannt sind etwa die beiden Gouachen, von denen die eine die Familie Kunz und die andere Hoffmann zusammen mit Dr. Marcus zeigt), Zeichner und Karikaturist. Der vorliegende Band will einen Eindruck vom Zeichner und Karikaturisten Hoffmann vermitteln. Das vorgestellte Material ist in fünf Abschnitte unterteilt: Der erste umfasst Werkillustrationen und Zeichnungen, die auf Hoffmanns Texte Bezug nehmen. Der zweite den sogenannten Kunz'schen Riss, eine Federzeichnung Hoffmanns, die dieser nach einem Umzug 1815 in die Taubengasse in Berlin seinem Bamberger Verleger Carl Friedrich Kunz schickte, um diesen von seinem neuen Wohnumfeld zu unterrichten. Die Federzeichnung (die nur in faksimilierter Form auf uns gekommen ist) bildet sowohl reale Orte und Personen als auch Elemente aus Hoffmanns Texten ab. In Szene gesetzt wird Hoffmanns dualistische Poetik, die Reales und Fantasiertes verschränkt. Der dritte Abschnitt versammelt »Verschiedenes«, und der vierte stellt gezeichnete Selbstporträts Hoffmanns vor. Abgeschlossen wird der Band von acht Kupferstichen aus Hoffmanns *Prinzessin Brambilla. Ein Capriccio nach Jakob Callot. Mit 8 Kupfern nach Callotschen Originalblättern*. Hoffmann wählte aus dem

Balli di sfessania-Zyklus Callots acht Vorlagen aus – und ließ vom Berliner Künstler Carl Friedrich Thiele Kupferstiche nach vermutlich eigenen Entwurfszeichnungen anfertigen. Jede der acht Callot'schen/Thiele'schen Abbildungen kann vom Rezipienten auf eine bestimmte Szene bezogen und damit wie eine Illustration behandelt werden – einerseits. Andererseits betont der fiktive Herausgeber der *Prinzessin Brambilla* immer wieder nachdrücklich, dass nicht der Text vorgängig sei und bebildert werde, sondern dass die Callot'schen Stiche als jene Bildquelle angesehen werden müssten, die die Erzählung, den Text, erst hervorbringe. Hoffmanns Text gestaltet die Bilder allerdings nicht nur erzählerisch aus und beschreibt sie: Was wir im Capriccio lesen, konfligiert immer wieder mit den Abbildungstafeln. Das kühne und mutwillige intermediale Spiel von Text und Bild ist durch Verwerfungen gekennzeichnet.

Hoffmanns eigene Zeichnungen haben bei weitem nicht das ästhetische Niveau wie etwa diese Bildtafeln nach Callot, die er in sein Capriccio integriert. Sie haben auch bei weitem nicht das ästhetische Niveau, das seine Texte erreichen. Zwar wurde der Autor sowohl von der Literaturkritik als auch von der Literaturwissenschaft bis ins letzte Jahrhundert hinein als ›Gespensterhoffmann‹ verunglimpft und in die ›Trivialitätsecke‹ gestellt. Doch rückten das poetologische und ästhetische Raffinement, die narratologischen Herausforderungen der Hoffmann'schen Texte in den letzten Jahrzehnten zunehmend in den Blick. Es fällt schwer, Œuvres anderer Autoren ausfindig zu machen, die mit derselben Konsequenz intermedial angelegt sind – und die einen solchen Reichtum an Genres, vom Schauerroman, über das Nachtstück, über das romantische Kunstmärchen zum ›tierischen Bildungsroman‹ und zum Bild und Text integrierenden Capriccio, aufzuweisen haben.

Eine professionelle zeichnerische Ausbildung absolvierte

Hoffmann nicht. Als Autor mit Zeichentalent greift er immer wieder zur Feder, um ›Gelegenheitskritzeleien‹ aufs Papier zu bringen. Ein besonderes Gespür hat er für den Grenzbereich von Schrift und Bild, Schriftzeichen und ikonische Zeichen sind benachbart und werden ineinander überführt. Besonders begabt ist Hoffmann auch als Karikaturist. Mit Sinn für Witz und einiger Unbotsamkeit bringt er freche und entlarvende Skizzen aufs Papier. Als Hoffmann, der als Gerichtsassessor in Posen arbeitete, 1802 Karikaturen der städtischen Honoratioren anfertigte und in Umlauf brachte, wurde er nach Płock strafversetzt. Seiner Lust, weiter zu zeichnen, zu malen und zu karikieren, tat das keinen Abbruch. Insgesamt 236 Zeichnungen, Karikaturen, Gemälde finden sich im kritischen Gesamtverzeichnis des bildkünstlerischen Werks, das Dietmar J. Ponert 2012 herausgegeben hat (vgl. Literaturhinweise).

Claudia Liebrand

1. Werkillustrationen und Zeichnungen, die auf Hoffmanns Texte Bezug nehmen

Lebens-Ansichten des Katers Murr nebst fragmentarischer Biographie des Kapellmeisters Johannes Kreisler in zufälligen Makulaturblättern

Wie ich nun fertig las, und ich mich täglich mehr mit fremden Gedanken vollstopfte, fühlte ich den unwiderstehlichsten Drang, auch meine eignen Gedanken, wie sie der mir inwohnende Genius gebar, der Vergessenheit zu entreißen, und dazu gehörte nun allerdings die freilich sehr schwere Kunst des Schreibens. [...] Ich trachtete begierig nach Manschetten, und war im Begriff, die Dormeuse der alten Haushälterin für meine rechte Pfote zuzureißen und zu aptieren, als mir plötzlich in einem Moment der Begeisterung, wie es bei Genies zu geschehen pflegt, der geniale Gedanke einkam der alles löste. Ich vermutete nämlich, dass die Unmöglichkeit die Feder, den Stift, so zu halten wie mein Meister, wohl in dem verschiedenen Bau unserer Hände liegen könne, und diese Vermutung traf ein. Ich musste eine andere dem Bau meines rechten Pfötchens angemessene Schreibart erfinden, und erfand sie wirklich, wie man wohl denken mag. – *S. 37f.*

Zu den beiden Bänden des *Kater Murr* hat Hoffmann vier Umschlagzeichnungen angefertigt. Die Kupferstiche nach den Zeichnungen stammen von Carl Friedrich Thiele (um 1780–1836). – Abb. 1: *Lebens-Ansichten des Katers Murr*, Erster Band, Vorderseite. Kater Murr steht über den Dächern der Stadt an einem Schreibpult. Er trägt einen Umhang und hält eine Schreibfeder in der rechten Pfote. Auf dem Boden vor dem Pult steht eine Schale mit Fischen. Umrahmt wird die Szene von einer Bildleiste, die sich bei allen vier Umschlagabbildungen wiederholt: Oben ist ein dicker Mann mit Krone zu sehen. Das Tuch, auf dem er sitzt, wird auf jeder Seite von einer nackten Figur gehalten, deren Körper unten in ein arabeskes Blattwerk ausläuft. In ähnlicher Weise ist die untere Leiste gestaltet: Zwei Ziegenböcke umrahmen eine barbusige sphinxartige Gestalt mit Flügeln.

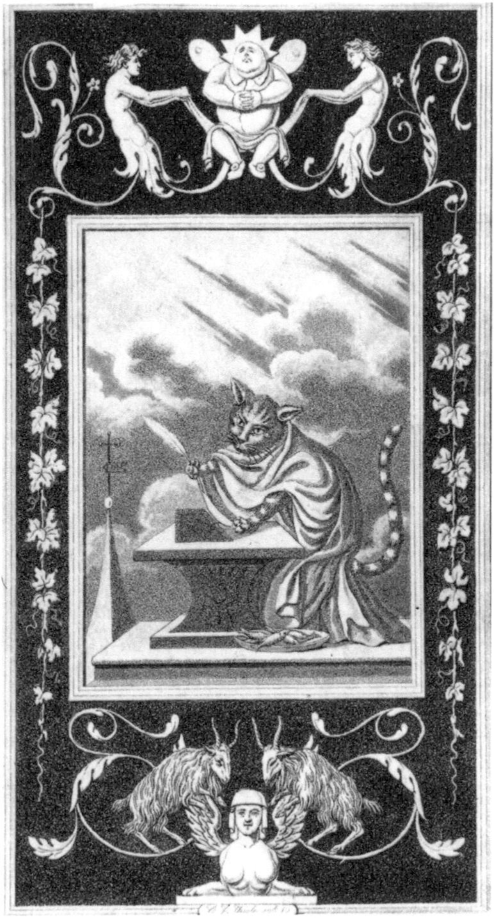

Nicht von der Seite wich ich der Schönsten, ich forderte sie auf zum Tanz, sie gab mir die Pfote, wir flogen in die Reihen. – Ha! wie ihr Atem an meiner Wange spielte, wie meine Brust an der ihrigen bebte! wie ich ihren süßen Leib mit meinen Pfoten umschlungen hielt! – O des seligen, himmlisch seligen Augenblicks! *S. 348*

Abb. 2: Umschlag zu den *Lebens-Ansichten des Katers Murr*, Zweiter Band, Vorderseite: Der Kater Murr und Miesmies im Keller. Vgl. Abb. 1.

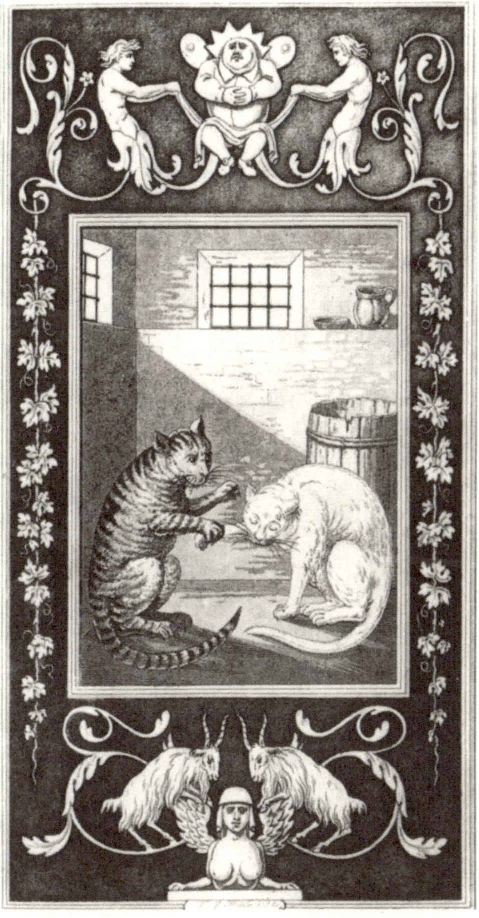

Die Mitternachtshora war vorüber es musste daher irgendetwas Ungewöhnliches sich ereignet haben, und Kreisler durfte mit Recht vermuten, dass vielleicht ein schneller unvermuteter Tod einen der alten Mönche dahingerafft, den man jetzt der Klostersitte gemäß in die Kirche getragen. Rasch warf der Kapellmeister sich in die Kleider und begab sich nach der Kirche. – Auf dem Gange begegnete er dem Pater Hilarius, der laut gähnend und ganz schlaftrunken hin und her wankte, keines festen Schrittes mächtig und die angezündete Kerze, statt aufrecht, abwärts zu Boden hielt, dass das Wachs prasselnd herabtropfte und jeden Augenblick drohte das Licht zu verlöschen. »Hochehrwürdiger Herr«, stammelte Hilarius, als Kreisler ihn anrief, »hochehrwürdiger Herr Abt, das ist gegen alle bisherige Ordnung. Exequien in der Nacht! – zu dieser Stunde – Und bloß weil Bruder Cyprianus darauf besteht! – Domine – libera nos de hoc monacho!« [...]

Kreisler folgte dem Pater in die Kirche, die nur sparsam beleuchtet einen seltsamen schauerlichen Anblick gewährte. S. 424

Abb. 3: Umschlag zu den *Lebens-Ansichten des Katers Murr*, Zweiter Band, Rückseite: Der schlaftrunkene Pater Hilarius mit angezündeter Fackel im Hof des Klosters Kanzheim auf dem Wege zu den nächtlichen Exequien für den Adjutanten des Prinzen Hektor. Vgl. Abb. 1.

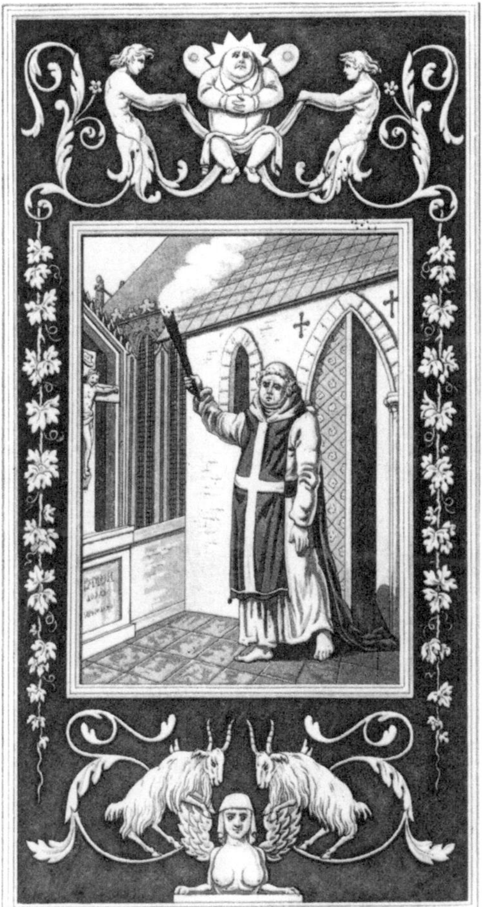

Die Prinzessin fasste Julien und rannte mit ihr unter dem lauten Ausruf: »Es ist ein Wahnsinniger, ein Wahnsinniger, der dem Tollhause entsprungen«, so schnell von dannen als sie es nur vermochte. *S. 61*

Abb. 4: Kreisler im Wahnsinn. Auf der Rückseite hat Hoffmann den Schluss des *Meister Floh* entworfen. Die im Februar 1822 in Berlin entstandene originale Bleistiftzeichnung ist nicht erhalten.

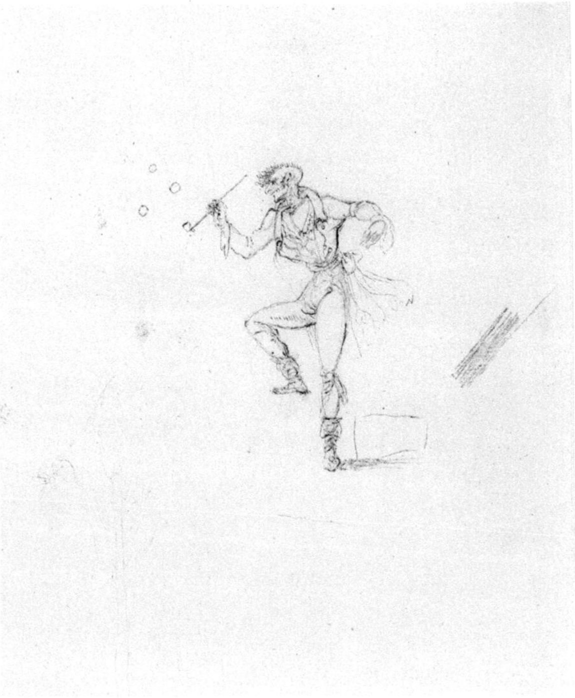

Abb. 5: Selbstbildnis Hoffmanns als Kapellmeister Johannes Kreisler in Haustracht. Federzeichnung in Braun und Deckfarben, 11,9 × 12,3 cm, entstanden zwischen Januar und Februar 1815. Die Zeichnung war vermutlich die Beilage zu einem Brief Hoffmanns vom 28. Februar 1815 an seinen Verleger Carl Friedrich Kunz in Bamberg. Das Blatt hat eine braune, mit der Feder gezogene Einfassungslinie. Die Partitur auf dem Notenpult des Spinetts trägt den Titel »Undine«, darunter einen zweizeiligen unleserlichen Untertitel. Unter der unteren Einfassungslinie steht: »Der Kapellmeister Johannes | Kreisler in Haustracht | nach dem Leben gezeichnet von Erasmus Spikher.«

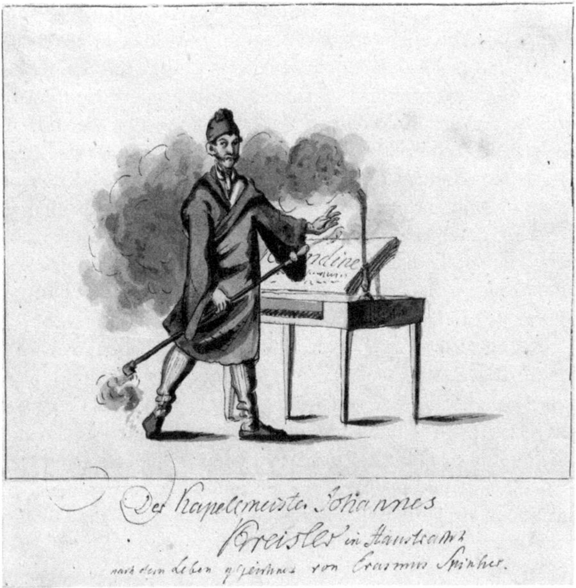
Der Kapellmeister Johannes
Kreisler in Haustracht
nach dem Leben gezeichnet von Erasmus Spikher.

Nachschrift des Herausgebers
Am Schluss des zweiten Bandes ist der Herausgeber genötigt den geneigten Lesern eine sehr betrübte Nachricht mitzuteilen. – Den klugen, wohlunterrichteten philosophischen, dichterischen Kater Murr hat der bittre Tod dahingerafft mitten in seiner schönsten Laufbahn. Er schied in der Nacht vom neunundzwanzigsten bis zum dreißigsten November nach kurzen aber schweren Leiden mit der Ruhe und Fassung eines Weisen dahin. – So gibt es wieder einen Beweis, dass es mit den frühreifen Genies immer nicht recht fort will; entweder sie steigen in einem Antiklimax hinab zur charakter- und geistlosen Gleichgültigkeit und verlieren sich in der Masse, oder sie bringen es in Jahren nicht hoch. – Armer Murr! der Tod deines Freundes Muzius war der Vorbote deines eignen, und sollt' ich dir den Trauersermon halten, er würde mir ganz anders aus dem Herzen kommen als dem teilnahmelosen Hinzmann; denn ich habe dich lieb gehabt und lieber als manchen – Nun! – schlafe wohl – Friede deiner Asche! –

Schlimm ist es, dass der Verblichene seine Lebens-Ansichten nicht geendet hat, die also Fragment bleiben müssen. Dagegen haben sich in den nachgelassenen Papieren des verewigten Katers noch so manche Reflexionen und Bemerkungen gefunden, die er in der Zeit aufgeschrieben zu haben scheint, als er sich bei dem Kapellmeister Kreisler befand. Ferner war aber auch noch ein guter Teil des von dem Kater zerrissenen Buchs vorhanden, welches Kreislers Biographie enthält.

Der Herausgeber findet es daher der Sache nicht unangemessen, wenn er in einem dritten Bande, der zur Ostermesse erscheinen soll, dies von Kreislers Biographie noch Vorgefundene den geneigten Lesern mitteilt und nur hin und wieder an schicklichen Stellen das einschiebt, was von jenen Bemerkungen und Reflexionen des Katers der weitern Mitteilung wert erscheint. *S. 443*

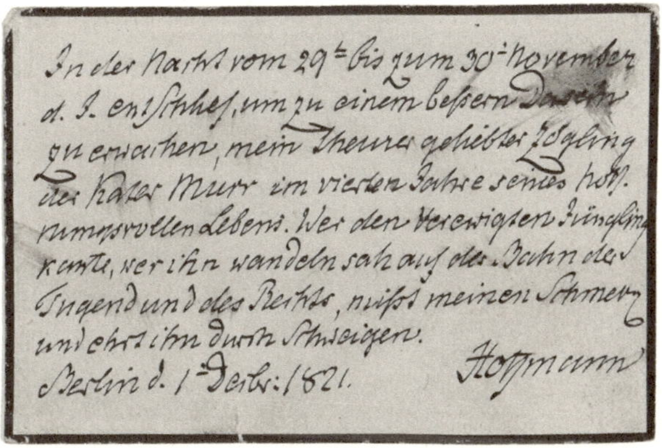

In der Nacht vom 29t bis zum 30t November
d. J. entschlief, um zu einem beßern Dasein
zu erwachen, mein theurer geliebter Zögling
der Kater Murr im vierten Jahre seines hoff-
nungsvollen Lebens. Wer den Verewigten Jüngling
kante, wer ihn wandeln sah auf der Bahn der
Tugend und des Rechts, mißt meinen Schmerz
und ehrt ihn durch Schweigen.
Berlin d. 1t Decbr: 1821. Hoffmann

Abb. 6: Todesanzeige für Hoffmanns eigenen Kater, namensgleich mit der Titelfigur des Romans (dritte Fassung, Original). Feder in Dunkelbraun auf chamoisfarbigem Halbkarton mit schwarz gedrucktem Trauerrand, ohne Wasserzeichen, 5,9 × 9,3 cm, Berlin, 1. Dezember 1821. »In der Nacht vom 29t bis zum 30t November d. J. entschlief, um zu einem beßern Dasein zu erwachen, mein theurer geliebter Zögling der Kater Murr im vierten Jahr seines hoffnungsvollen Lebens. Wer den Verewigten Jüngling kante, wer ihn wandeln sah auf der Bahn der Tugend und des Rechts, mißt meinen Schmerz und ehrt ihn durch Schweigen. | Berlin d. 1t Decbr: 1821. | Hoffmann«.

Abb. 7: Quartblatt mit den Schriftzügen des Katers Murr, Berlin 1818–1821. Tinte und Federzeichnung in Dunkelbraun, 20,3 × 17,1 cm, entstanden in Berlin zwischen 1818 und 1821. Adressat ist Theodor Gottlieb von Hippel (1775–1843). Im unteren Drittel hat Hoffmann mit der Feder »Kater Murr« ergänzt, oben Tintenkleckse und Feder (Ergänzung Hoffmanns) in Dunkelbraun.

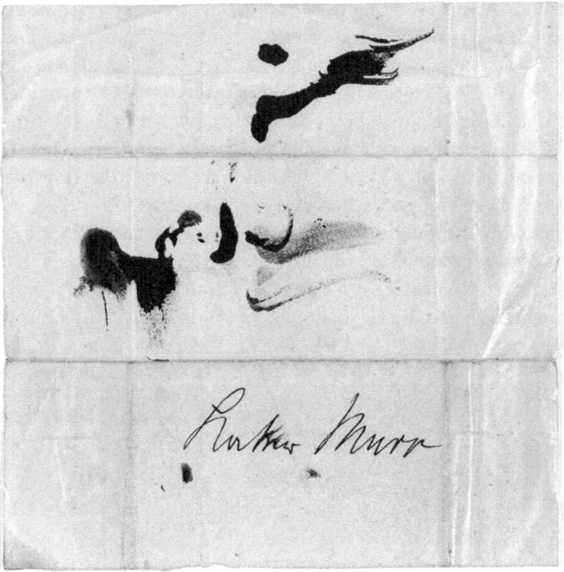

Klein Zaches genannt Zinnober. Ein Märchen

Mit Recht konnte das Weib über den abscheulichen Wechselbalg klagen, den sie vor drittehalb Jahren geboren. Das, was man auf den ersten Blick sehr gut für ein seltsam verknorpeltes Stückchen Holz hätte ansehen können, war nämlich ein kaum zwei Spannen hoher, missgestalteter Junge, der von dem Korbe, wo er querüber gelegen, heruntergekrochen, sich jetzt knurrend im Grase wälzte. Der Kopf stak dem Dinge tief zwischen den Schultern, die Stelle des Rückens vertrat ein kürbisähnlicher Auswuchs, und gleich unter der Brust hingen die haselgertdünnen Beinchen herab, dass der Junge aussah wie ein gespalteter Rettich. Vom Gesicht konnte ein stumpfes Auge nicht viel entdecken, schärfer hinblickend wurde man aber wohl die lange spitze Nase, die aus schwarzen struppigen Haaren hervorstarrte, und ein Paar kleine schwarz funkelnde Äuglein gewahr, die, zumal bei den übrigens ganz alten eingefurchten Zügen des Gesichts, ein klein Alräunchen kundzutun schienen. – *S. 6*

Für den Erstdruck von *Klein Zaches genannt Zinnober* (Berlin 1819) hat Hoffmann 1818 in Berlin zwei Umschlagzeichnungen erstellt, nach denen Carl Friedrich Thiele die Kupferstiche anfertigte. Die Reproduktionen sind gegenüber dem Original um etwa ein Viertel verkleinert. – Abb. 8: Umschlag zu *Klein Zaches genannt Zinnober*, Vorderseite. Klein Zaches auf dem Schoß der Fee Rosabelverde.

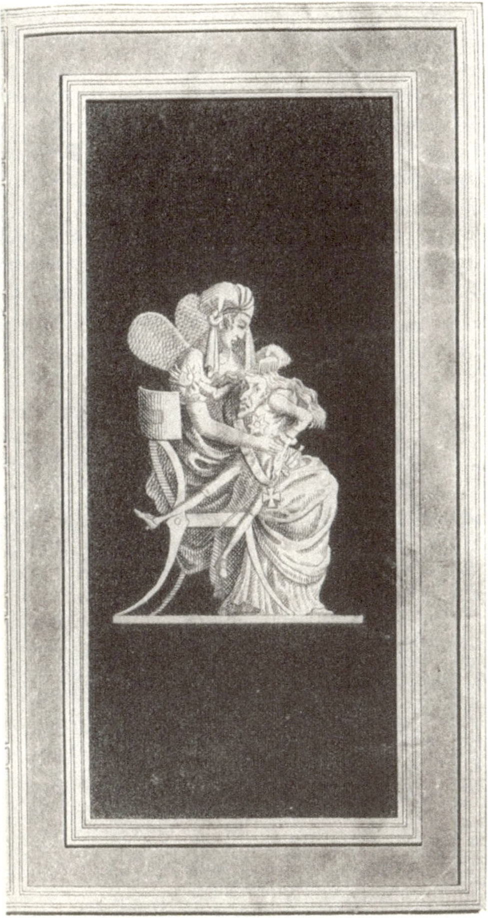

Die tiefe Dämmerung war eingebrochen, alle Farben des Waldes schwanden hin in dumpfes Grau. Da war es, als leuchte ein besonderer Glanz wie aufflammender Abendschein durch Baum und Gebüsch, und tausend Insektlein erhoben sich mit rauschendem Flügelschlage sumsend in die Lüfte. Leuchtende Goldkäfer schwangen sich hin und her, und dazwischen flatterten buntgeputzte Schmetterlinge und streuten duftenden Blumenstaub um sich her. Das Wispern und Sumsen wurde zu sanfter, süßflüsternder Musik, die sich tröstend legte an Balthasars zerrissene Brust. Über ihm funkelte stärker strahlend der Glanz. Er schaute hinauf, und erblickte staunend Prosper Alpanus, der auf einem wunderbaren Insekt, das einer in den herrlichsten Farben prunkenden Libelle nicht unähnlich, daherschwebte.

Prosper Alpanus senkte sich herab zu dem Jüngling, an dessen Seite er Platz nahm, während die Libelle aufflog in ein Gebüsch und in den Gesang einstimmte, der durch den ganzen Wald tönte.

Er berührte des Jünglings Stirne mit den wundervoll glänzenden Blumen, die er in der Hand trug, und sogleich entzündete sich in Balthasars Innerm frischer Lebensmut. *S. 83*

Abb. 9: Umschlag zu *Klein Zaches genannt Zinnober*, Rückseite. Prosper Alpanus, auf dem Rücken eines Insekts fliegend. Vgl. Abb. 8.

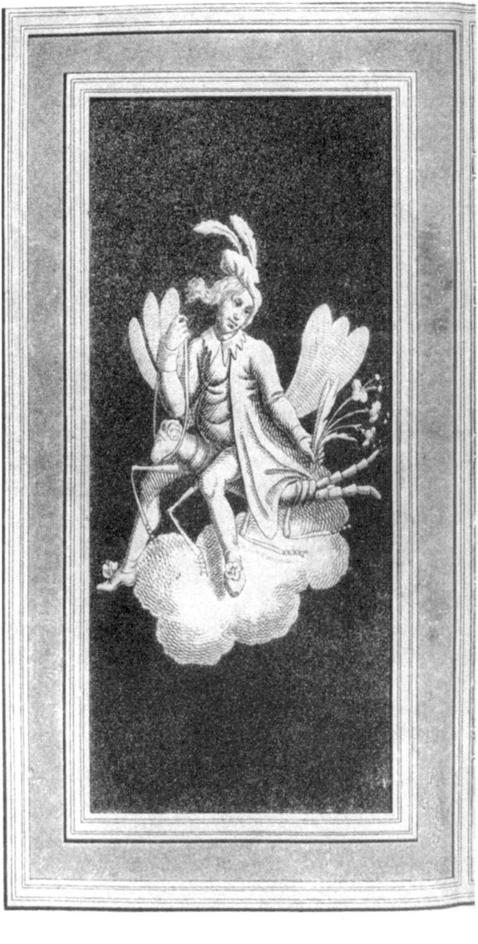

Der Sandmann

Ich war festgezaubert. Auf die Gefahr entdeckt, und, wie ich deutlich dachte, hart gestraft zu werden, blieb ich stehen, den Kopf lauschend durch die Gardine hervorgestreckt. Mein Vater empfing den Coppelius feierlich. »Auf! – zum Werk«, rief dieser mit heiserer, schnarrender Stimme und warf den Rock ab. Der Vater zog still und finster seinen Schlafrock aus und beide kleideten sich in lange schwarze Kittel. Wo sie *die* hernahmen, hatte ich übersehen. Der Vater öffnete die Flügeltür eines Wandschranks; aber ich sah, dass das, was ich so lange dafür gehalten, kein Wandschrank, sondern vielmehr eine schwarze Höhlung war, in der ein kleiner Herd stand. Coppelius trat hinzu und eine blaue Flamme knisterte auf dem Herde empor. Allerlei seltsames Geräte stand umher. Ach Gott! – wie sich nun mein alter Vater zum Feuer herabbückte, da sah er ganz anders aus. Ein grässlicher krampfhafter Schmerz schien seine sanften ehrlichen Züge zum hässlichen widerwärtigen Teufelsbilde verzogen zu haben. Er sah dem Coppelius ähnlich. Dieser schwang die glutrote Zange und holte damit hell blinkende Massen aus dem dicken Qualm, die er dann emsig hämmerte. Mir war es als würden Menschengesichter ringsumher sichtbar, aber ohne Augen – scheußliche, tiefe schwarze Höhlen statt ihrer. »Augen her, Augen her!« rief Coppelius mit dumpfer dröhnender Stimme. *S. 14 f.*

Abb. 10: Illustration zur Erzählung *Der Sandmann*. Coppelius erscheint im Haus von Nathanaels Vater, der ihn begrüßt. Der Knabe sieht angstvoll durch die Vorhänge eines offenen Schranks zu. Die originale Federzeichnung von 1815 ist nicht erhalten.

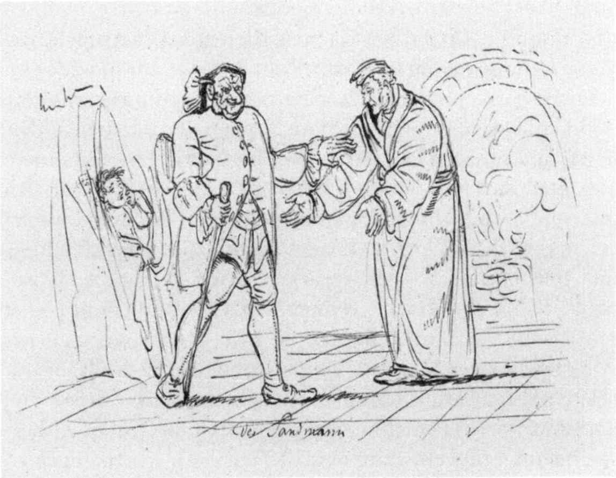
Der Sandmann

Aber was war denn das wieder? – Dicht hinter Marien fing es an im Schrank auf seltsame Weise zu rumoren und ganz feine Stimmchen fingen an: »Aufgewacht – aufgewacht – wolln zur Schlacht – noch diese Nacht – aufgewacht – auf zur Schlacht.« – Und dabei klingelte es mit harmonischen Glöcklein gar hübsch und anmutig! »Ach das ist ja mein kleines Glockenspiel«, rief Marie freudig, und sprang schnell zur Seite Da sah sie wie es im Schrank ganz sonderbar leuchtete und herumwirtschaftete und hantierte. Es waren mehrere Puppen, die durcheinanderliefen und mit den kleinen Armen herumfochten. Mit einem Mal erhob sich jetzt Nussknacker, warf die Decke weit von sich und sprang mit beiden Füßen zugleich aus dem Bette, indem er laut rief: »Knack knack – knack – dummes Mausepack – dummer toller Schnack – Mausepack – Knack – Knack – Mausepack – Krick und Krack – wahrer Schnack.« Und damit zog er sein kleines Schwert und schwang es in den Lüften und rief: »Ihr meine lieben Vasallen, Freunde und Brüder, wollt ihr mir beistehen im harten Kampf?« – Sogleich schrien heftig drei Skaramuzze, ein Pantalon, vier Schornsteinfeger, zwei Zitherspielmänner und ein Tambour: »Ja Herr – wir hängen Euch an in standhafter Treue – mit Euch ziehen wir in Tod, Sieg und Kampf!« und stürzten sich nach dem begeisterten Nussknacker, der den gefährlichen Sprung wagte, vom obern Fach herab. S. 25*f.*

Abb. 11: Titelvignette zu Hoffmanns Kindermärchen *Nußkna[c]ker und Mausekönig*, zuerst erschienen in den *Kinder-Mährchen* von E.W. Contessa [Carl Wilhelm Salice-Contessa], Friedrich Baron de la Motte Fouqué und E.T.A. Hoffmann, Berlin 1816, S. 115–271. Die braun, rot, graublau und gelb kolorierte Lithographie ist als Einzelblatt vor S. 115 eingebunden (Einfassungslinie 131 × 82 mm). Die Originalzeichnung Hoffmanns ist nicht erhalten (Tusche in Sepia oder Grau auf Papier).

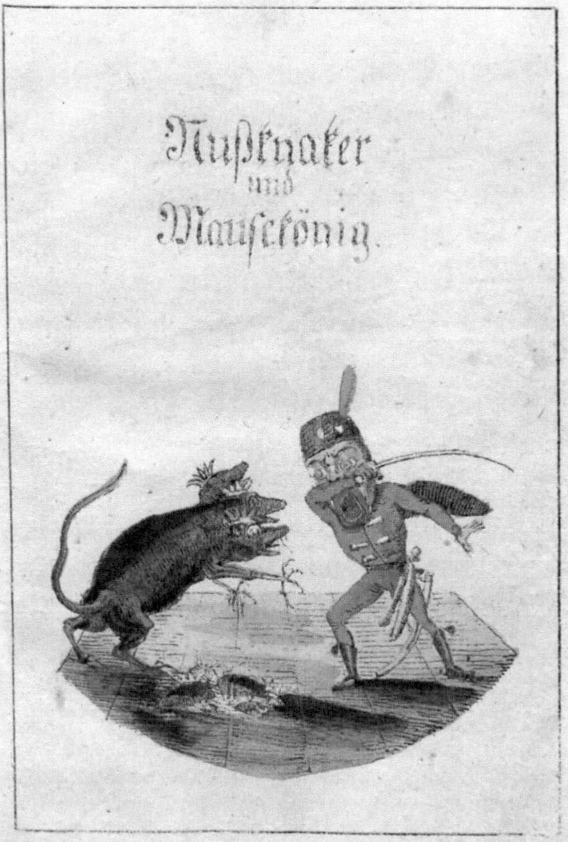
Nußknaker
und
Mausekönig.

Abb. 12: Lithographie nach einer Zeichnung Hoffmanns, möglicherweise gedacht als Titelvignette für den vierten Band der *Fantasiestücke in Callot's Manier*, Leipzig 1814. Das Original, eine Federzeichnung in Braun auf chamoisfarbigem Papier, ist nicht erhalten. Zu sehen ist ein Eselskopf, dahinter eine Fackel mit dunklen Rauchwolken und ein Narrenstab (der Narrenkopf am Knauf trägt die karikierten Züge des Autors). Darunter stand auf der Originalzeichnung die Devise: *Procumbit humi bos (Virgilii Lib: Georg:)* – »Zu Boden fällt [sterbend] der Stier (Vergil, *Georgica*)«. Die bewusst unpassende Verwendung des Vergil-Zitats steigert Hoffmann noch durch eine falsche Quellenangabe: Nicht aus der *Georgica* stammt der zitierte Halbvers, sondern aus dem fünften Buch von Vergils *Aeneis* (Vers 481). Die Fackel der Wahrheit und der Narrenstab der Ironie gefährden die Dummheit in Gestalt des Esels (mit dem unsinnigen Zitat).

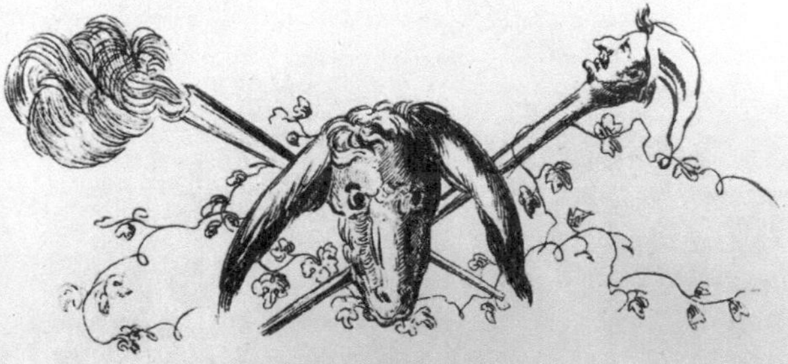

II. Der Kunz'sche Riss (1815)

Nachdem E. T. A. Hoffmann am 1. Juli 1815 mit seiner Frau in die Taubenstraße 31 am Berliner Gendarmenmarkt gezogen war, zeichnet er den »Kunz'schen Riss«, den er an seinen Freund und Verleger Carl Friedrich Kunz nach Bamberg schickt (damit dieser sich einen Eindruck von Hoffmanns neuem Wohnumfeld machen kann). Die Federzeichnung bildet sowohl reale Orte und Personen als auch Elemente aus Hoff-

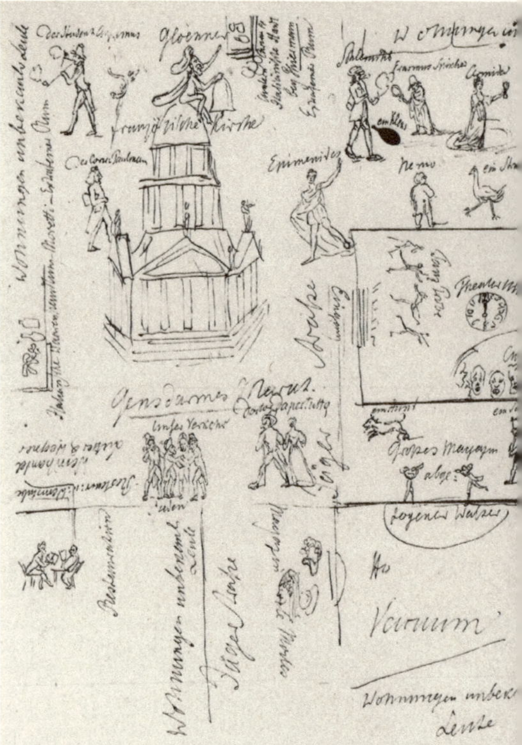

manns literarischen Texten ab. Die Zeichnung, die Fiktionales und Faktuales vermischt, setzt Hoffmanns Poetik in Szene, die mit dem Dualismus von Realem und Fantasiertem operiert.

Abb. 13: Der Kunz'sche Riss. Das Original von 1815 (Feder, Bleistift oder Kreide auf chamoisfarbigem Papier) ist nicht erhalten.

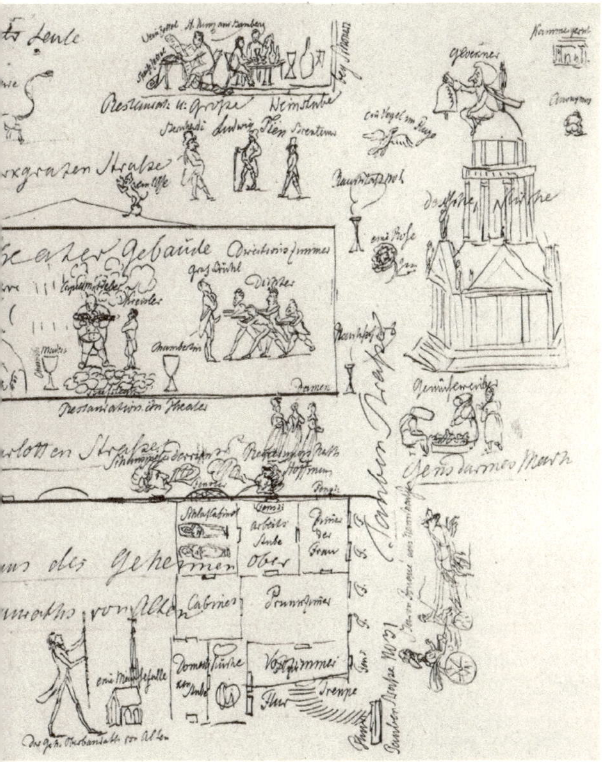

Im Zentrum des Kunz'schen Risses steht der Kapellmeister Johannes Kreisler (in Seitenansicht), Hoffmanns fiktives Alter Ego aus den *Kreisleriana*. Daneben der »Capellm. Weber«, der zur »Restauration« im Berliner Theater, das sich direkt gegenüber von Hoffmanns Wohnung am Gendarmenmarkt befand, kulinarische Delikatessen herbeibringt, so etwa die »Beefsteaks« am Boden und zwei Kelche mit »Madeira« und »Chambertin«.

Abb. 14: Ausschnitt aus dem Kunz'schen Riss (Mitte, »Theater Gebäude«).

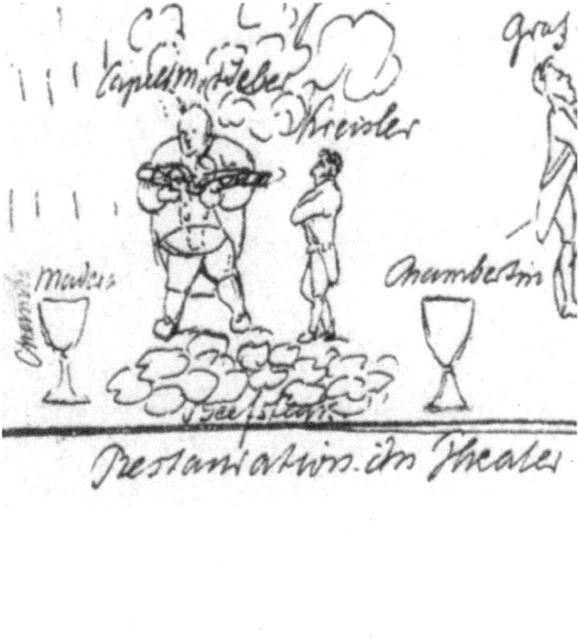
Kreisler
Chambertin
Restauration im Theater

Das Theatergebäude nimmt als großes Rechteck den Mittelpunkt des Kunz'schen Risses ein und verweist auf die zentrale Stellung des Theaters in Hoffmanns (Berliner) Leben. Hier zu sehen ist der Intendant Graf Brühl, der vier Dichter in Empfang nimmt.

Abb. 15: Ausschnitt aus dem Kunz'schen Riss (Mitte, »Theater Gebäude«).

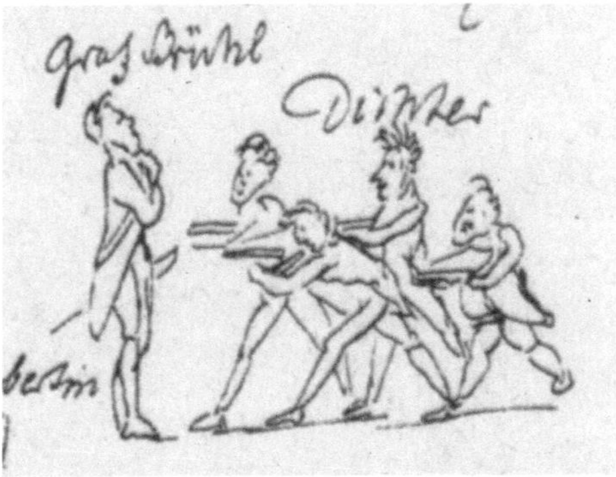
Graf Brühl
Dichter

Dargestellt im ›Theater-Komplex‹ des Kunz'schen Risses sind auch probende »Choristen«, die »Theater Uhr« und eine »Tanz Probe«.

Abb. 16: Ausschnitt aus dem Kunz'schen Riss (Mitte, »Theater Gebäude«).

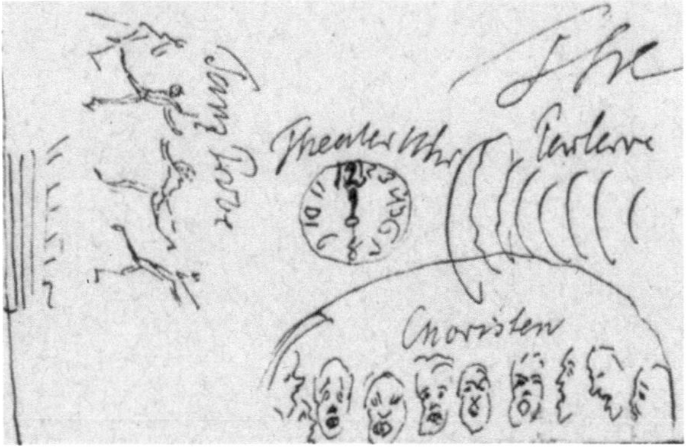
Theater Uhr
Choristen

Der goldne Topf

Links oben im Kunz'schen Riss sind der »Student Anselmus«, der »Conr[ector] Paulmann« und die Schlange Serpentina aus Hoffmanns Märchen *Der goldne Topf* zu sehen. Angedeutet wird die Holunderbaumszene, in der die um einen Ast geschlängelte Serpentina Anselmus in die Welt der Poesie initiiert.

Abb. 17: Ausschnitt aus dem Kunz'schen Riss (oben links).

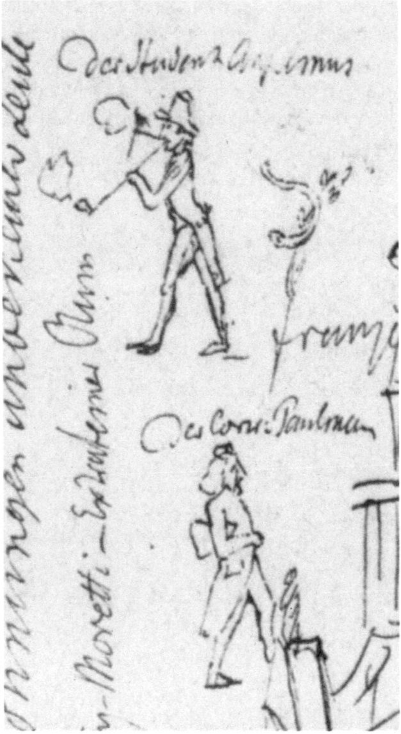

Die Abenteuer der Sylvester-Nacht

In der in den Kunz'schen Riss eingezeichneten Berliner »Jäger-Straße« sind die Teufelsfigur »Doctor Dapertutto« und Giulietta aus Hoffmanns Erzählung *Die Abenteuer der Sylvester-Nacht* aus dem vierten Band der *Fantasiestücke in Callot's Manier* zu sehen. Von einer »Jägerstraße« ist auch in der Erzählung die Rede, an deren Ende Dapertutto und Giulietta gemeinsam verschwinden.

Abb. 18: Ausschnitt aus dem Kunz'schen Riss (Mitte links).

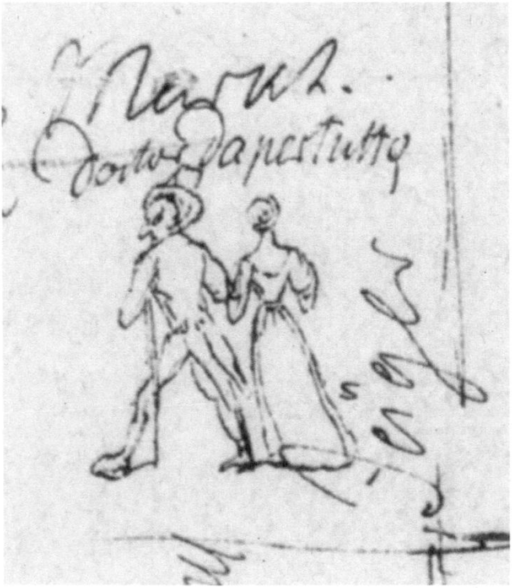

An der oberen Ecke der in den Kunz'schen Riss gezeichneten Jägerstraße befinden sich weitere Figuren aus den *Abenteuern der Sylvester-Nacht*: »Schlehmil« und »Erasmus Spikher«. Während Ersterer eine Adaption der gleichnamigen Erzählung von Adelbert von Chamisso darstellt, versucht hier Erasmus Spikher (wie auch in Hoffmanns Erzählung) vergebens, sein verlorenes Spiegelbild zu erblicken.

Abb. 19: Ausschnitt aus dem Kunz'schen Riss (oben Mitte).

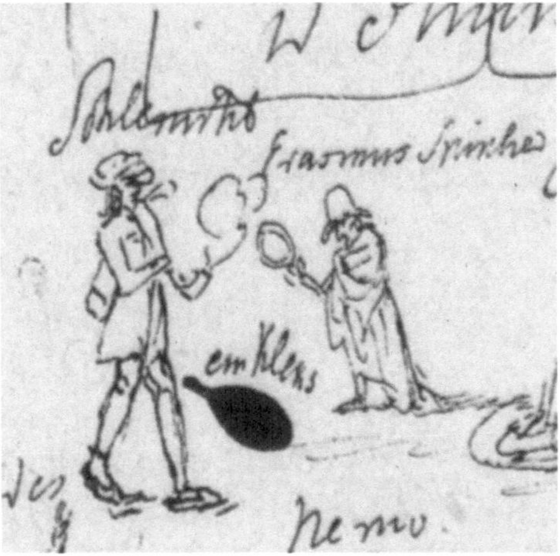
Schlemihl
Erasmus Spikher
ein Klecks
nemo

Die Protagonistin Armida aus der gleichnamigen Oper Christoph Willibald Glucks (1714–1787) ist im Kunz'schen Riss oberhalb des Theaters zu sehen. Deren Darstellerin in der Berliner Inszenierung, die damals gefeierte Wiener Sängerin Anna Milder-Hauptmann (1785–1838), wohnte im selben Haus wie Hoffmann. Sie ist hier mit einem Zauberstab und Pokal abgebildet. Anna Milder war zu dieser Zeit ein Star, sie hat in Deutschland eine Gluck-Renaissance herbeigeführt, Beethoven komponierte seine *Leonore* (später *Fidelio*) für sie. Sie war eigentlich fest am Wiener Kärtnertortheater engagiert, brach aber 1816 ihren Vertrag, um in Berlin Mitglied der Hofoper zu werden.

Abb. 20: Ausschnitt aus dem Kunz'schen Riss (oben Mitte).

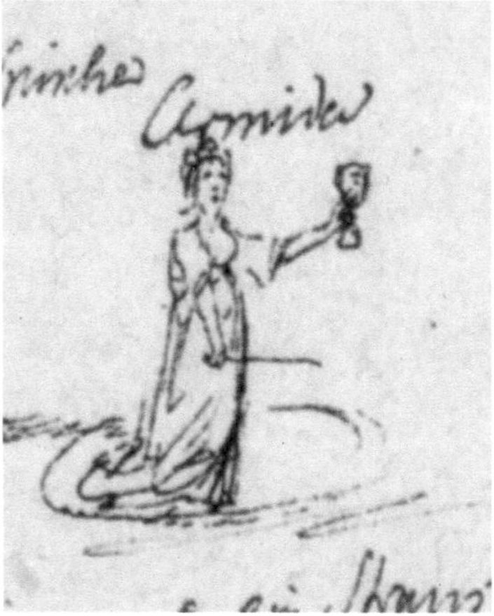

Am unteren rechten Rand des Kunz'schen Risses erscheint in der Taubenstraße eine Kutsche. Darin sitzt der »Baron Fouqué aus Nennhausen«, Friedrich de la Motte Fouqué (1777–1843), Verfasser des Märchens *Undine*, das Hoffmann für das Berliner Schauspielhaus als romantische Oper vertonte (uraufgeführt am 3. August 1816).

Abb. 21: Ausschnitt aus dem Kunz'schen Riss (unten rechts).

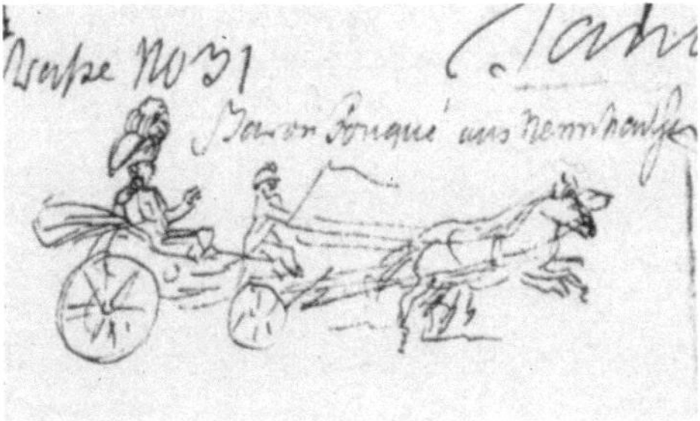
Baron Fouqué aus Nennhausen

Neben zahlreichen Figuren aus Hoffmanns Texten und Personen aus Kunst und Literatur enthält der Kunz'sche Riss auch einen genauen Grundriss seiner Wohnung in der Taubenstraße 31, mit dem »Schlaf Cabinet«, der »Arbeits Stube« und dem »Zimmer der Frau«, einem »Cabinet« und einem »Prunkzimmer«. Unten links befindet sich die »Domestiken Stube«, daneben die Küche, das Vorzimmer, Flur und Treppe. Auf der rechten, zur Straße gewandten Seite sind fünf Fenster eingezeichnet.

Abb. 22: Ausschnitt aus dem Kunz'schen Riss (unten rechts).

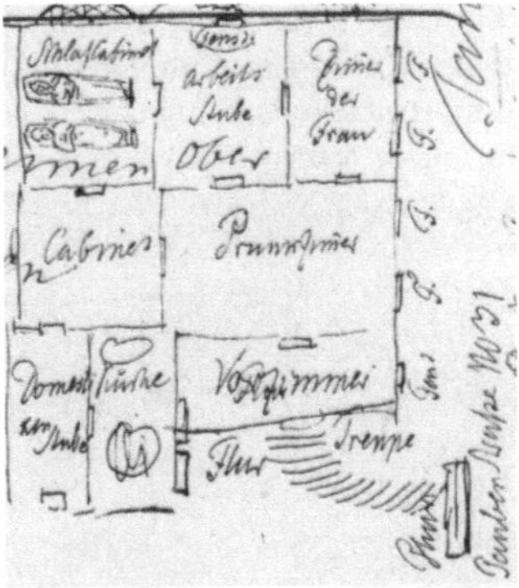

Oberhalb des Wohnungsgrundrisses findet sich im Kunz'schen Riss ein Selbstbildnis Hoffmanns, das ihn im »Schlaf Cabinet« als »Regierungs Rath Hoffmann« porträtiert, rauchend aus dem Fenster auf die Straße blickend. Die Blickposition aus dem Fenster antizipiert bereits Hoffmanns späte Erzählung *Des Vetters Eckfenster*, in der die Titelfigur – ähnlich wie kurz vor seinem Tod Hoffmann schwer erkrankt und nicht mehr in der Lage, die Wohnung zu verlassen – nur noch aus ihrem Fenster heraus den Theaterplatz beobachten kann. Die Zeichnung zeigt neben Hoffmann seinen Freund und im selben Haus wohnenden Nachbarn, den »Schauspieler Devrient«.

Abb. 23: Ausschnitt aus dem Kunz'schen Riss (unten rechts).

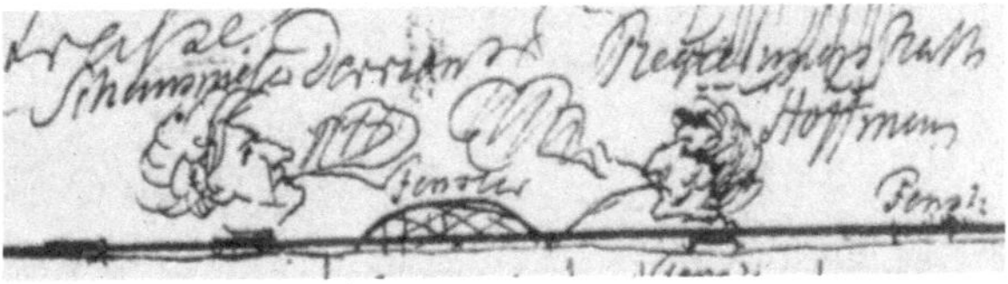

Auch der Adressat des Kunz'schen Risses Carl Friedrich Kunz ist in der Zeichnung dargestellt: Als »H. Kunz aus Bamberg« sitzt er mit Wein- und Speisezettel in der »Weinstube bey Schonert«.

Abb. 24: Ausschnitt aus dem Kunz'schen Riss (oben rechts).

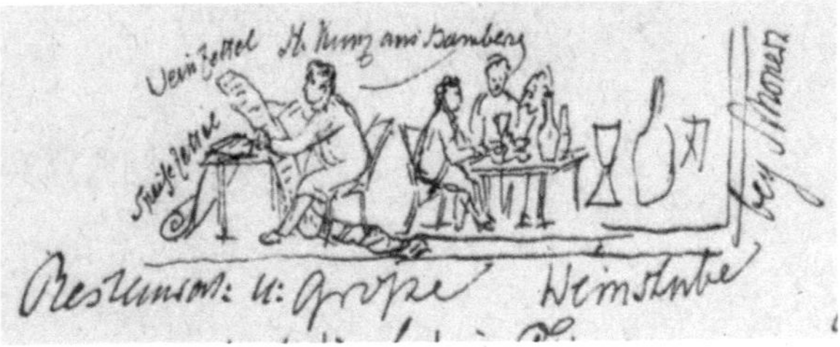
Weinzettel
H. Kunz aus Bamberg
Weinstube

III. Verschiedenes

Abb. 25: »Der graue Mann« aus Chamissos *Peter Schlemihl*. Die originale Federzeichnung in Braun auf chamoisfarbigem Papier von 1815 ist nicht erhalten.

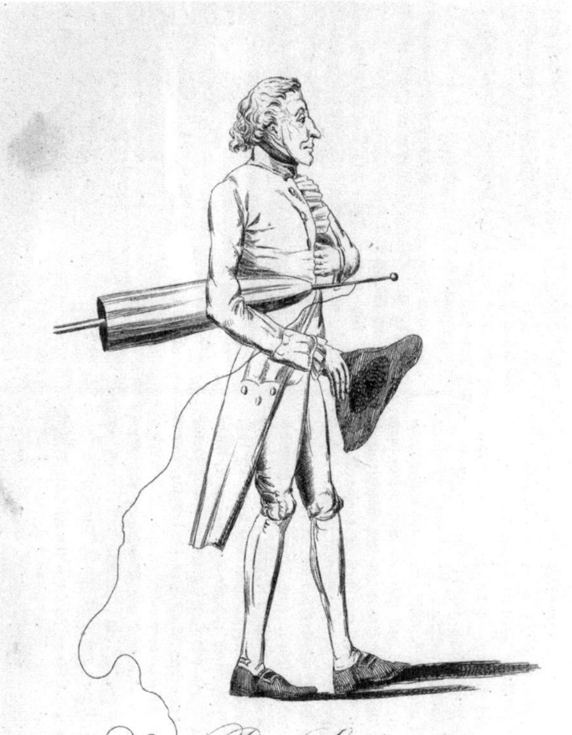

Peter Schlemihl.

Abb. 26: Zwerg mit Aktenmappe, in die Luft pissend. Bleistiftzeichnung, unbestimmtes Datum. Das Original ist nicht erhalten.

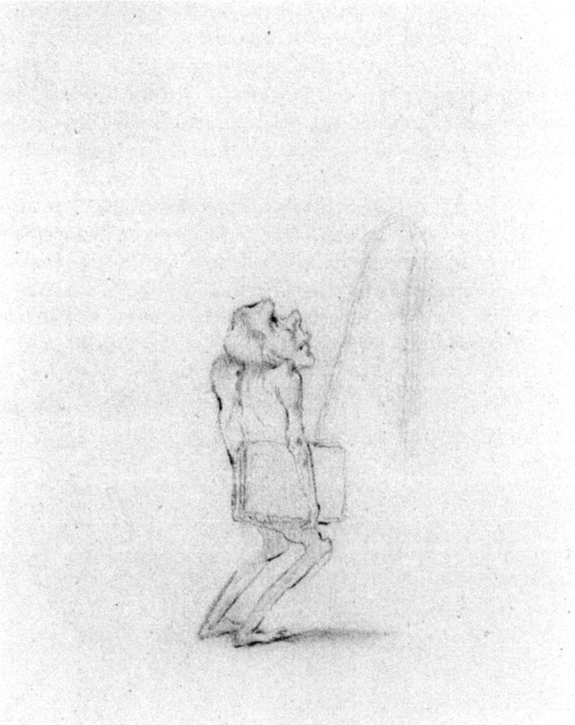

Der italienische Kontrabassvirtuose Antonio Dall'Occa (1763–1846) war an der Hofkapelle St. Petersburg angestellt. Von dort unternahm er zahlreiche Konzertreisen durch Europa. Am 12. September 1820 hat Hoffmann ihn in Berlin erlebt und vermutlich unter dem Eindruck des Konzerts die Zeichnung angefertigt, auf der man Dall'Occa sieht, der sich mit geschlossenen Augen und tiefgebeugt um den Kontrabass herumwindet. Er spielt ganz unten am Steg seines Instruments, das ohne Stachel direkt auf dem Boden steht. Links daneben sieht man den mit einer rauchenden Kerze beleuchteten Notenständer. Rechts neben dem Kontrabass und oben hat Hoffmann weitere Detailzeichnungen eingefügt: Dall'Occas gespreizte Hand, die auf einer Saite liegt, sowie zwei Varianten seines Kopfes.

Abb. 27: Antonio Dall'Occa, ein Kontrabassist, konzertspielend. Das Original, eine Federzeichnung in Braun auf chamoisfarbigem Briefpapier von 1820, ist nicht erhalten. Die Zeichnung befand sich auf dem Adressenblatt (Rückseite) eines Briefes, den der Komponist Gaspare Spontini an Hoffmann geschrieben hat (dort weitere Zeichnungen, etwa eine des Musikers von hinten).

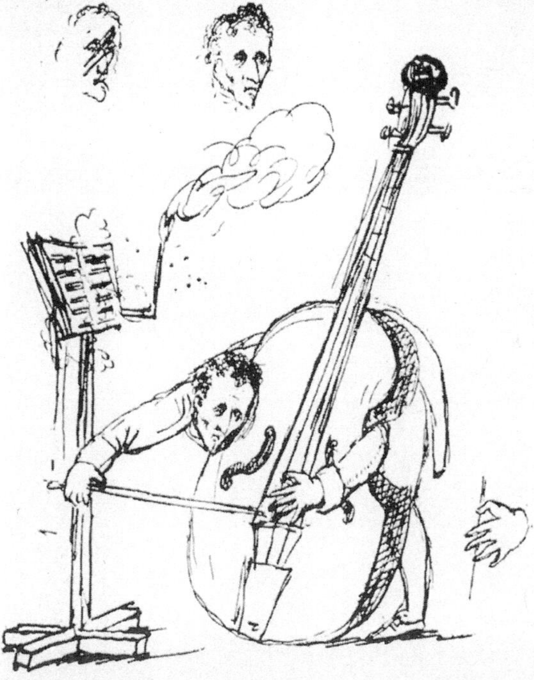

Dall Occa – Concertsmelen

Hoffmann hat mit feinem Strich vorskizziert und anschließend Umrisse stark nachgezogen. Die Zange, mit der sich der dünne, spinnenbeinige Mann grinsend der riesigen Nase des sitzenden dicken Herrn nähert, ist kaum ausgeführt.

Abb. 28: Behandlung eines dicken durch einen dünnen Mann (wahrscheinlich ein Barbier). Die originale Bleistiftzeichnung auf chamoisfarbigem Papier, entstanden in Berlin 1822, ist nicht erhalten.

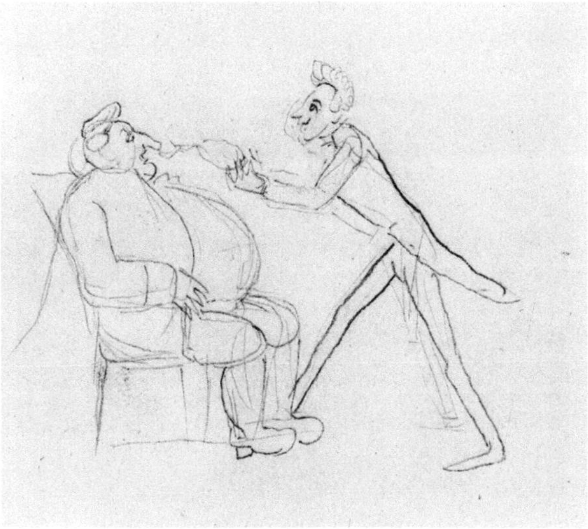

Hoffmann hat in seiner Karikatur bewusst das Motiv des Hundes gewählt, um auf den hündischen Charakter der beiden Regierungsräte anzuspielen. Während Marggraff gehorsam Männchen macht, erkennt man bei Klöber aggressive Angriffslust.

Abb. 29: Die Regierungsräte Johann Christoph Marggraff (stehend) und von Klöber (sitzend) als Hunde. Die originale Federzeichnung auf chamoisfarbigem Papier, entstanden 1804/05 in Warschau, ist nicht erhalten.

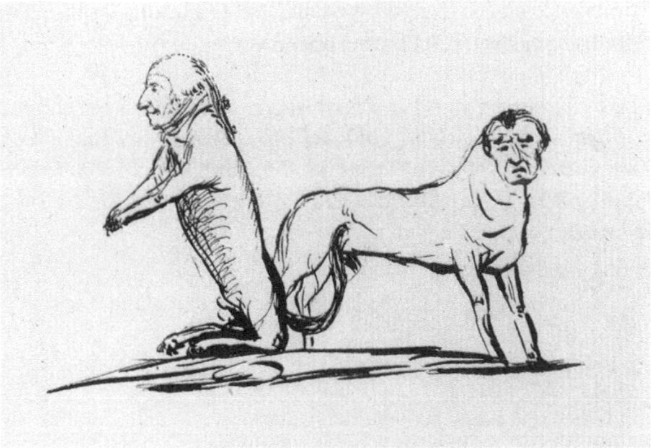

Hoffmann stellt den verheerenden Brand, durch den das Schauspielgebäude vollständig zerstört wurde, karikierend dar. Dabei konnte seine Oper *Undine* nun nicht weiter aufgeführt werden (die letzte Aufführung fand am 27. Juli 1817 statt). Die Ausstattung, die Schinkel nach Hoffmanns Entwürfen angefertigt hatte, war verbrannt, Partituren und ausgeschriebene Stimmen konnten gerettet werden. Die Zeichnung ist mit Ziffern und zugehörigen Erläuterungen versehen:

1 Das Theater im ungl[ücklichen] Aug[enblick] als die Per[ücken] auffliegen | 2. Das Bankgeb[äude] | 3 Unzelm[anns] Per[ücke] | 4 der Gardejäger | 5. ein Dach 6. ein Fenster. 7 Rauch | 8. besorgte Finanzräthe. 9 Der Minister | 10 Bankiers 11. Der Pißwinkel | 12 Leute

Abb. 30: Brand des Schauspielhauses am Gendarmenmarkt am 29. Juli 1817 und die dadurch verursachte Gefährdung des Berliner Seehandlungs-Gebäudes durch C.W.F. Unzelmanns brennend aufsteigende Perücke sowie die Rettung des Staatskredits durch einen Gardejäger. Federzeichnung in Braun auf chamoisfarbigem Papier, leicht gebräunt, 7,1 × 10,2 cm. Berlin, 25. November 1817.

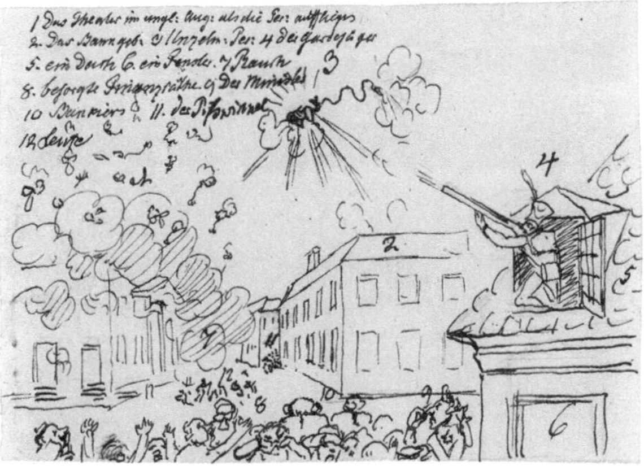

Das Bühnenbild zu Kleists *Käthchen von Heilbronn* entstand für die Bamberger Inszenierung von 1811/12. Es gehört zum 7.–16. Auftritt des 3. Aktes. Bei der bühnentechnisch komplizierten Szene mit dem Burgbrand war Hoffmann auch als Bühnenarbeiter und Maschinist tätig.

Abb. 31: Bühnenbildentwurf Hoffmanns: Das brennende Schloss aus Kleists *Käthchen von Heilbronn*, 1811. Feder und Pinsel in Schwarz, grau laviert, auf grünlichem Papier, entstanden in Bamberg August–September 1811. Das Original ist nicht erhalten.

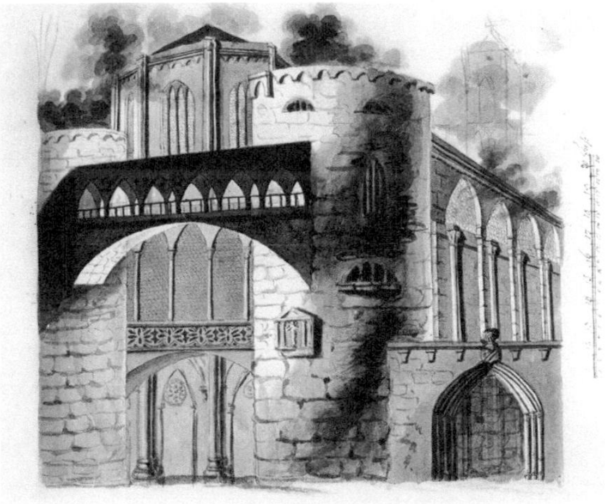

Die drei Karikaturen aus seiner Posener Amtszeit (1804–1807) zeugen von Hoffmanns Fähigkeit, Eitelkeit, Borniertheit und Charakterlosigkeit auch zeichnerisch darzustellen.

Abb. 32: Karikatur drei junger Räte der Warschauer Regierung: Friedrich Ferdinand David Siebenhaar (links, geb. 1776, ein verschuldeter Dandy), Emanuel Goldschmid von Goldenberg (Mitte, gest. 1812) und Friedrich Schartow (rechts). Pinsel in lasierendem Auftrag mit Deckfarben auf chamoisfarbigem Papier. Das 1804 in Warschau entstandene Original ist nicht erhalten.

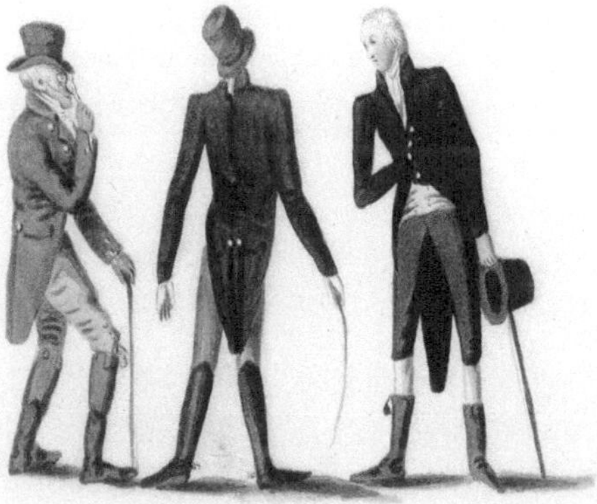

Die Dame Gallia (Frankreich) wird von sechs Offizieren, Vertretern der gegen Napoleon verbündeten Armeen, bedrängt. Sie haben ihr gerade wie Exorzisten den Teufel in Gestalt Napoleons ausgetrieben. Der Miniaturnapoleon, versehen mit Fliegenflügeln, einem Krallenfuß und einem langen Schwanz, ist ihrem Mund entwichen und fliegt auf grauen Wolken nach oben davon. Im Hintergrund links ist eine fliehende Sauherde zu erkennen. Hoffmann bezieht sich hier auf Mt 8,28–34, wo Christus die ausgetriebenen Teufel in die Gergesener Sauherde fahren lässt, die sich anschließend ins Meer stürzt und ertrinkt.

Abb. 33: Politische Karikatur: *Die Exorcisten. Der Teufel, welcher die Dame Gallia lange besessen, wird durch verbündete Kräfte endlich ausgetrieben, und fährt in die Gergesener Heerden.*

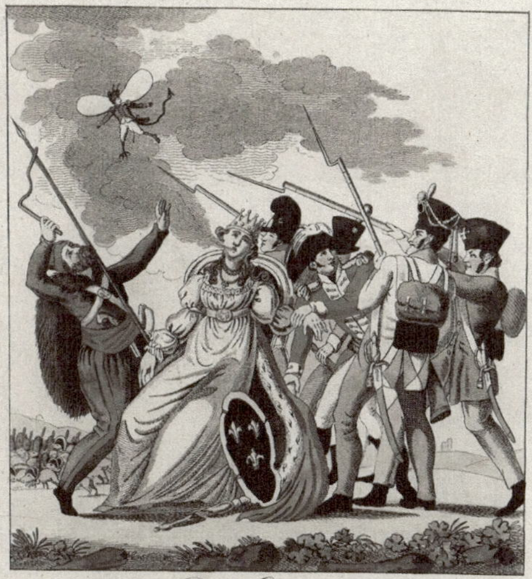

Die Excorcisten.

Der Teufel, welcher die Dame Gallia lange besessen, wird durch verbündete Kraft endlich ausgetrieben, und fährt in die Gergesener Heerden.

29.

IV. Selbstporträts Hoffmanns

Selbstbildnis E.T.A. Hoffmanns mit Pfeife und Punschglas im Lehnstuhl unter einem Brief an Ludwig Devrient, mit dem Wortlaut:

Gar erfreulich würd' es mir sein, wenn Du heute Abend, nachdem Du bei L[utter] & W[egner] gegessen bei mir ein Gläschen Punsch einnehmen wolltest den meine Frau sehr amön bereitet.
Du findest d'Elpons und Lüttwitz nicht bei mir, wohl aber bitte ich die gemütlichen Männer Vomsee und Meier mitzubringen sie in meinem Namen höflichst einladend.
Schlag' mir ja meine Bitte nicht ab ärgre Dich nicht und bring ein heitres Gemüt mit.
D. 9 Jan: 1821
Dein ergebenster
Hoffm

Abb. 34: Brief an Ludwig Devrient vom 9. Januar 1821. 1 Doppelblatt mit einer Selbstkarikatur, Federzeichnung in Braun, 16,8 × 11,0 cm.

Gar erfreulich würd' es mir seyn, wenn Sie heute Abend, nachdem Sie bey L. & W. gespeist, bey mir ein Gläschen Punsch einnehmen wollten den meine Frau sehr warm bereitet.
Sie finden d'Elpons und Lüttwitz nicht bey mir, wohl aber bitte ich die gemüthlichen Männer Yemoco und Meies mitzubringen sie in meinem Namen höflichst einladend.
Schlag' mir ja meine Bitte nicht ab ~~[illegible]~~ [illegible] [illegible] nicht und bring ein fröhlich Gemüth mit.

d. 9 Jan: 1821

Ganz ergebenst
Hoffm

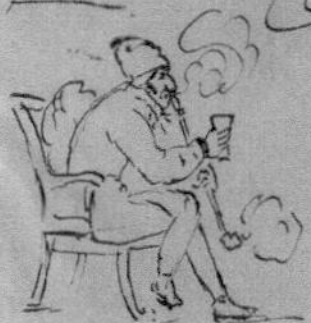

Des Königl. Schauspielers und Regisseurs Herrn L. Devrient Wohlgeboren

Hoffmann ›unterschreibt‹ mit seinem Porträt. Der Brief an Theodor Gottlieb von Hippel lautet:

So eben erhalte ich die Eintrittskarte zum neuen Theater für sechs Personen, so daß für Dich, Frau und Tochter nebst dem R[egierungs]R[at] Drense gesorgt ist und ich mich mit meiner Frau anschließen kann. Ist es Dir daher gefällig, mich um 11 1/2 Uhr abzurufen so werde ich sogleich mit meiner Frau aus der Höhe hinabhüpfen und Dich nach dem Theatrum et Odeum geleiten.
Den freundlichsten gute[n] Morgen

D. 22. May 1821.

Abb. 35: Brief an Theodor Gottlieb von Hippel vom 22. Mai 1821. 1 Doppelblatt (1 Seite) mit einem Selbstporträt, Federzeichnung in Braun, 22,7 × 13,9 cm.

So eben erhalte ich die Billetkarten zum neuen Theater für sechs Personen, so daß für Dich, Frau und Tochter nebst dem R.R. Dreuse gesorgt ist und ich mich mit meiner Frau anschließen kann. Ist es Dir daher gefällig, mich um 11 1/2 Uhr abzuholen so werde ich sogleich mit meiner Frau und der [illegible] und Dich nach dem Theatrum et Odeum geleiten.

Den freundlichsten guten Morgen

d. 22 May 1821.

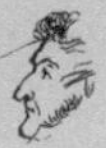

Ernst Theodor Amadeus der eigentlich Wilhelm Hoffmann geb. d. 24 Januar 1776 zu Königsberg in Preussen, gestorben d. 24. Juli 1822 in Berlin.

Ein karikierendes Männerporträt: das Gesicht hager, die Nase krumm und stark herausstehend, darüber ein deutlicher Buckel auf der Stirn, das unter dem Haar angedeutete linke Ohr groß, die Mundwinkel herabgezogen.

Abb. 36: Studienkopf en profil. Die originale Federzeichnung in Braun auf chamoisfarbigem Papier (Bamberg 1808–1813?) ist nicht erhalten.

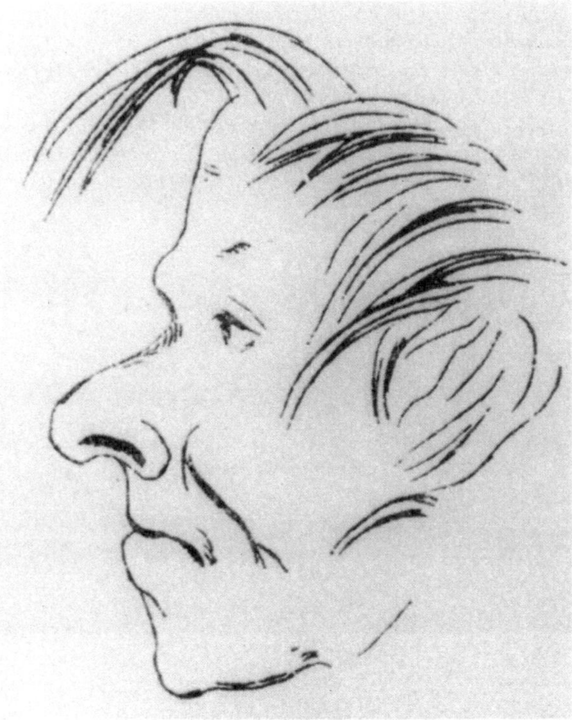

Die Bildunterschrift unter der Zeichnung lautet etwa folgendermaßen: *De [Hand nach links deutend] Deux! Trois [Hand nach rechts deutend] [mon trai]t[e] | quatre! cinq! | d. 26 May 19*
Der Weintrinker im Vordergrund, der Hoffmann physiognomisch ähnelt, fühlt sich offenbar durch das Metrum der von dem Mann am Flügel vorgetragenen Musik unangenehm daran erinnert, dass er noch einen Wechsel (*traite*) bezahlen muss.

Abb. 37: »Deux! Trois! Quatre! Cinq!« Junger Gast (wohl Hoffmann selbst) bei Lutter & Wegner mit Weinglas, im Hintergrund ein Mann am Flügel. Bleistiftzeichnung auf chamoisfarbigem Papier. Berlin, 26. Mai 1819. Das Original ist nicht erhalten.

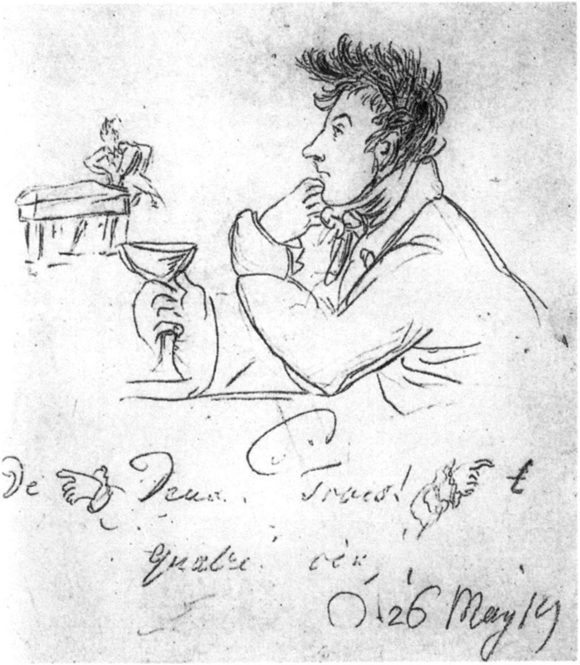
26 May 14

Abb. 38: Der Bamberger Arzt Dr. Pfeufer untersucht auf der Zungenspitze von Carl Friedrich Kunz eine kleine Blase. Hoffmann zeichnet die Szene. Radierung von August Hoffmann (1810–1872) auf chamoisfarbigem Papier, 68 × 114 mm. Nach einer im Original nicht erhaltenen Bleistiftzeichnung von E. T. A. Hoffmann, Stuttgart 1839.

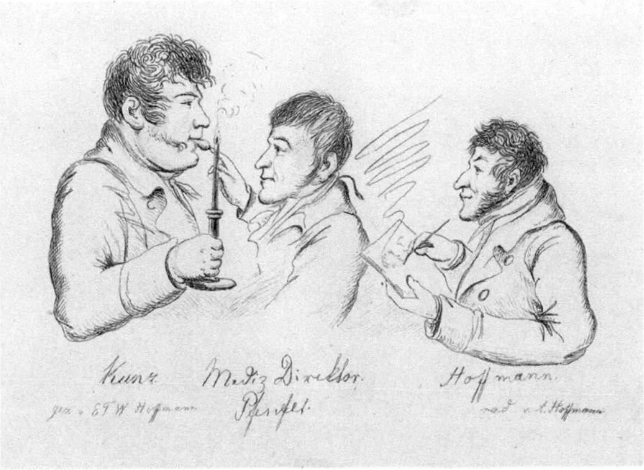
Kunz
Mediz Direktor.
Hoffmann.

Abb. 39: Selbstbildnis mit ironisierenden physiognomischen Erläuterungen. Radierung von J. B. Sonderland (1805–1878) auf chamoisfarbigem Velin-Papier. Hoffmanns Erläuterungen mit zugehörigen Buchstaben stehen unter dem Porträt. Die originale Feder- und Bleistiftzeichnung auf chamoisfarbigem Papier, entstanden in Berlin 1815/16, ist nicht erhalten. Die Erläuterungen standen dort rechts neben dem Porträt.

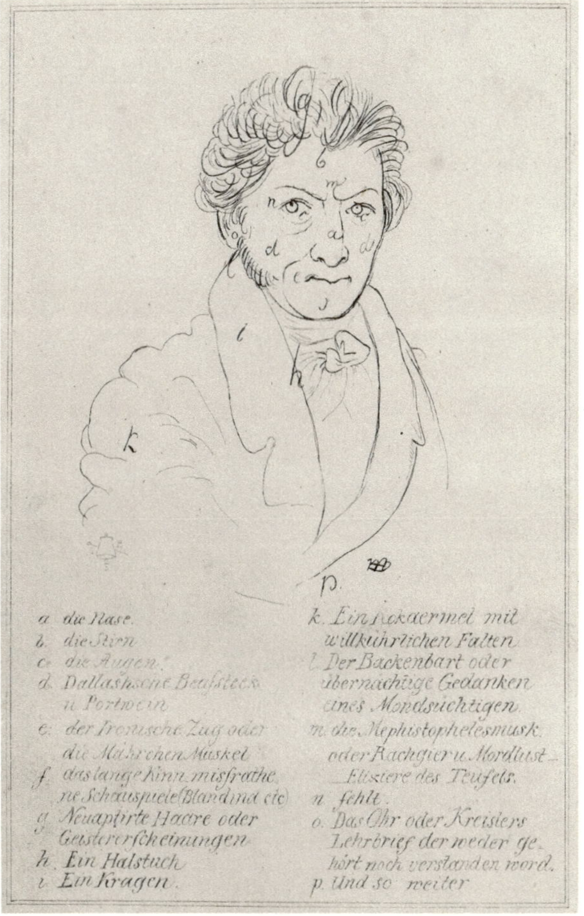
a die Nase.
b. die Stirn
c die Augen.
d. Dallashsche Beafsteeks u. Portwein
e. der Ironische Zug oder die Mährchen Muskel
f. das lange Kinn misrathene Schauspiele (Blandina etc)
g. Neuapfirte Haare oder Geistererscheinungen
h. Ein Halstuch
i. Ein Kragen.
k. Ein Rockaermel mit willkührlichen Falten
l. Der Backenbart oder übernächtige Gedanken eines Mondsüchtigen.
m. die Mephistophelesmusk. oder Rachgier u. Mordlust – Elixiere des Teufels.
n. fehlt.
o. Das Ohr oder Kreislers Lehrbrief der weder gehört noch verstanden word.
p. Und so weiter

V. *Prinzessin Brambilla. Ein Capriccio nach Jakob Callot. Mit 8 Kupfern nach Callotschen Originalblättern*

Nun lief Giglio den Korso auf und ab, jede weibliche Maske musternd, aller Neckereien nicht achtend, bis er endlich in eine entlegenere Gegend geriet. »Bester Signor, mein teurer, bester Signor!« hörte er sich angeschnarrt. Ein Kerl stand vor ihm, der in toller Possierlichkeit alles überbot, was er jemals von dergleichen gesehen. Die Maske mit dem spitzen Bart, der Brille, dem Ziegenhaar, sowie die Stellung des Körpers, vorgebeugt mit krummem Rücken, den rechten Fuß vorgeschoben, schien einen Pantalon anzudeuten; dazu wollte aber der vorne spitz zulaufende, mit zwei Hahnfedern geschmückte Hut nicht passen. Wams, Beinkleid, das kleine hölzerne Schwert an der Seite gehörte offenbar dem werten Pulcinell an. *S. 23*

Die acht Kupferstiche, gestochen 1820 von Carl Friedrich Thiele in Berlin, wurden als Illustrationen für die Ausgabe der *Prinzessin Brambilla* (bei Josef Max, Breslau 1820) verwendet. Hoffmanns Vorbild für eigene Entwürfe waren die *Balli di Sfessania* des lothringischen Zeichners, Radierers und Kupferstechers Jacques Callot (1592–1653). Dabei handelt es sich um eine Serie von Kupferstichen mit Tanzszenen aus der Commedia dell'arte. Eine Vorzeichnung Hoffmanns (Bleistift und Deckfarben in Sepiabraun auf chamoisfarbigem Papier) ist als Reproduktion in einem Auktionskatalog (Leipzig 1911) erhalten. – Abb. 40: Erster Kupferstich. Giglio in der Maske mit Pantalon.

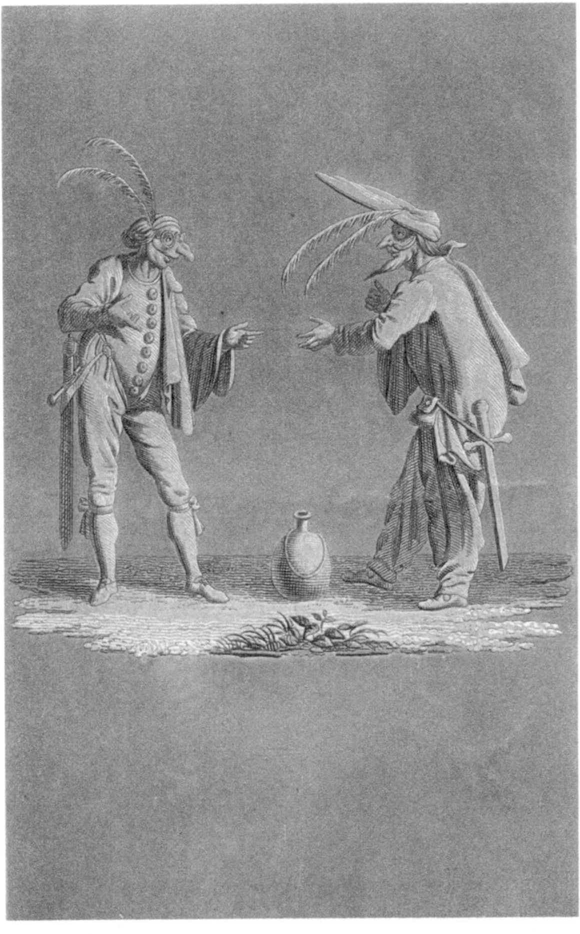

Doch festgewurzelt an den Boden blieb er stehen, als unweit des Palastes Pistoja ihm plötzlich eine hohe edle Gestalt entgegentrat, in jenen prächtigen Kleidern, in denen ihn einst Giacinta überrascht hatte, oder besser, als er sein Traumbild im hellen wahrhaften Leben vor sich erblickte. Wie ein Blitz fuhr es ihm durch alle Glieder; aber selbst wusste er nicht, wie es geschah, dass die Beklommenheit, die Angst der Liebessehnsucht, die sonst den Sinn zu lähmen pflegt, wenn das holde Bild der Geliebten plötzlich dasteht, unterging in dem fröhlichen Mut solcher Lust, wie er sie noch nie im Innern gefühlt. Den rechten Fuß vor, Brust heraus, Schultern eingezogen, setzte er sich sofort in die zierlichste Positur, in der er jemals die außerordentlichsten Reden tragiert, zog das Barett mit den langen spitzen Hahnenfedern von der steifen Perücke und begann, den schnarrenden Ton beibehaltend, der zu seiner Vermummung passte, und, die Prinzessin Brambilla (dass sie es war, litt keinen Zweifel) durch die große Brille starr anblickend: »Die holdeste der Feen, die hehrste der Göttinnen wandelt auf der Erde; ein neidisches Wachs verbirgt die siegende Schönheit ihres Antlitzes, aber aus dem Glanz, von dem sie umflossen, schießen tausend Blitze und fahren in die Brust des Alters, der Jugend und alles huldigt der Himmlischen, aufgeflammt in Liebe und Entzücken.« *S. 45–47*

Abb. 41: Zweiter Kupferstich. Giglios erste Begegnung mit Prinzessin Brambilla.

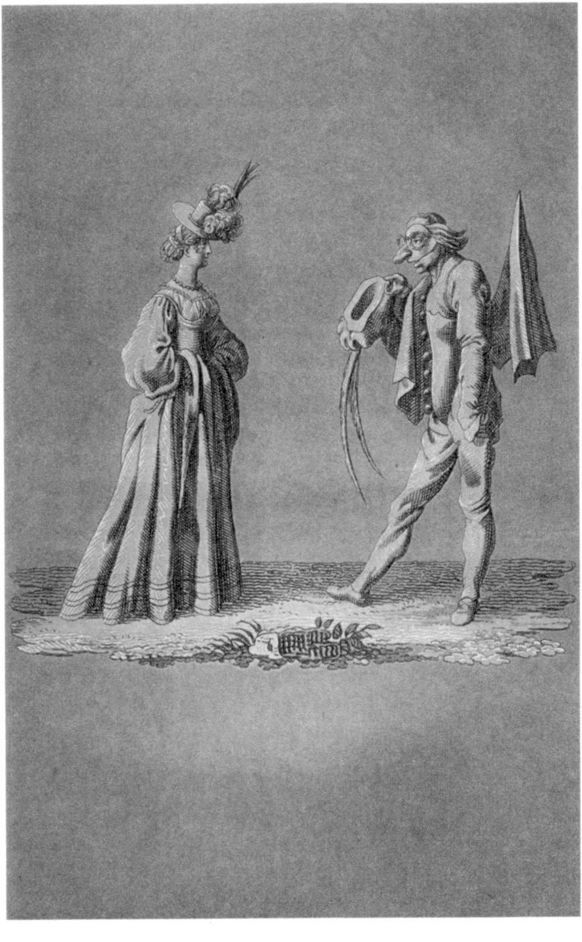

Ein possierlicher Kerl, bis auf die geringste Kleinigkeit gekleidet, wie Giglio, ja was Größe, Stellung usw. betrifft, sein zweites Ich, tanzte nämlich, Gitarre spielend, mit einem sehr zierlich gekleideten Frauenzimmer welche Kastagnetten schlug. Versteinerte den Giglio der Anblick seines tanzenden Ichs, so glühte ihm wieder die Brust auf, wenn er das Mädchen betrachtete. Er glaubte nie so viel Anmut und Schönheit gesehen zu haben; jede ihrer Bewegungen verriet die Begeisterung einer ganz besonderen Lust und eben diese Begeisterung war es, die selbst der wilden Ausgelassenheit des Tanzes einen unnennbaren Reiz verlieh. S. 65

Abb. 42: Dritter Kupferstich. Giglios Doppelgänger tanzt mit Prinzessin Brambilla.

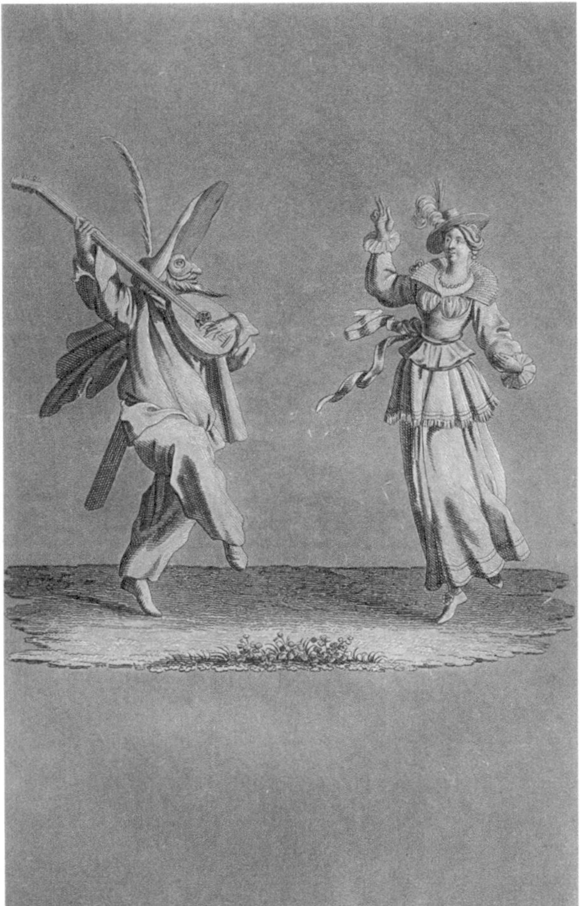

Also für den assyrischen Prinzen, Cornelio Chiapperi, hielt sich Giglio; und war dies eben auch nichts Besonderes, so möchte doch schwerer zu erklären sein, woher die seltene, nie empfundene Lust kam, die mit flammender Glut sein ganzes Inneres durchdrang. Stärker und stärker schlug er die Saiten der Gitarre, toller und ausgelassener wurden die Grimassen, die Sprünge des wilden Tanzes. Aber sein Ich stand ihm gegenüber und führte, ebenso tanzend und springend, ebensolche Fratzen schneidend, als er, mit dem breiten hölzernen Schwert Streiche nach ihm durch die Luft. – Brambilla war verschwunden! – »Hoho«, dachte Giglio, »nur mein Ich ist schuld daran, dass ich meine Braut, die Prinzessin, nicht sehe; ich kann mein Ich nicht durchschauen und mein verdammtes Ich will mir zu Leibe mit gefährlicher Waffe, aber ich spiele und tanze es zu Tod und dann bin ich erst ich, und die Prinzessin ist mein!« – *S. 68*

Abb. 43: Vierter Kupferstich. Giglio tanzt mit seinem Doppelgänger.

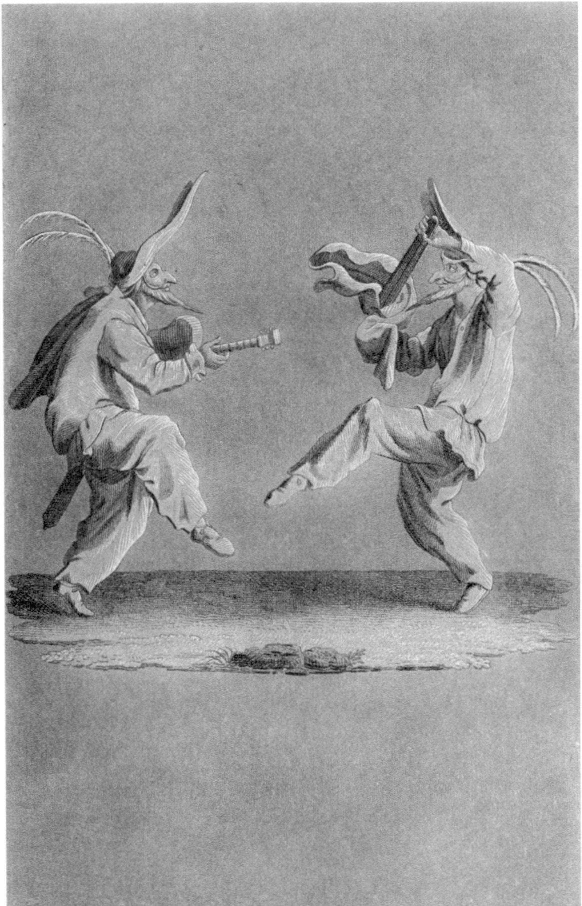

Alle Lust des Himmels durchströmte ihn aber, als eine anmutige Engelsgestalt von Mädchen, das Tambourin in der Hand, ihn zum Tanz aufforderte.

Die Kupfertafel, die diesem Kapitel beigeheftet, zeigt diesen Tanz des Giglio mit der unbekannten Schönen; was sich aber ferner dabei begab, wird der geneigte Leser im folgenden Kapitel erfahren. *S. 105*

Abb. 44: Fünfter Kupferstich. Giglio tanzt mit der »unbekannten Schönen«.

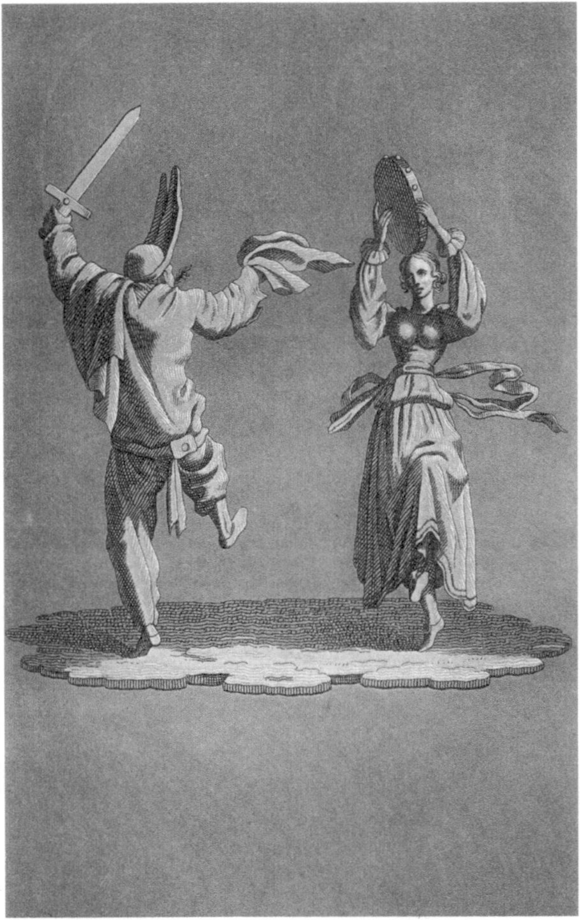

Giglio riss, seinen Gegner zierlich grüßend, den Degen aus der Scheide und das Gefecht hub an. Man merkte bald, dass beide, der Capitan Pantalon und Giglio, sich auf solch ritterliches Beginnen gar gut verstanden. Fest in dem Boden wurzelten die linken Füße, während die rechten bald stampfend ausschritten zum kühnen Anfall, bald sich zurückzogen in die verteidigende Stellung. Leuchtend fuhren die Klingen durcheinander, blitzschnell folgte Stoß auf Stoß. Nach einem heißen bedrohlichen Gange mussten die Kämpfer ruhen. Sie blickten einander an und es ging mit der Wut des Zweikampfs solch eine Liebe in ihnen auf, dass sie sich in die Arme fielen und sehr weinten. Dann begann der Kampf aufs Neue mit verdoppelter Kraft und Gewandtheit. *S. 116*

Abb. 45: Sechster Kupferstich. Giglio kämpft mit seinem Doppelgänger.

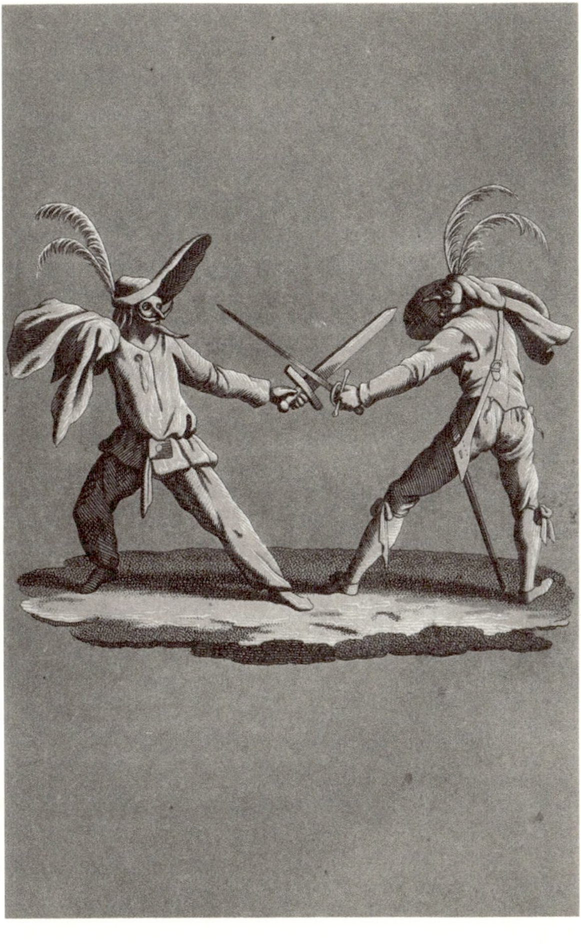

Die Dame hatte aufs Neue Pantalons Arm gefasst; der hielt ihr aber seinen spitzen Hut entgegen, zog sein breites Schwert an und sprach: »Seht her! – herab ist das Zeichen meiner Ritterschaft, herunter sind die Hahnfedern von meinem offnen Helm; ich habe den Damen meinen Dienst aufgekündigt; denn sie lohnen alle mit Undank und Untreue!« – »Was sprecht Ihr?« rief die Dame zürnend, »seid Ihr wahnsinnig?« »Leuchtet«, sprach der Capitan Pantalon weiter, »leuchtet mich nur an mit dem funkelnden Demant da auf Eurer Stirne! Weht mir nur entgegen mit der Feder, die Ihr dem bunten Vogel ausgerupft – Ich widerstehe jedem Zauber und weiß es und bleibe dabei, dass der alte Mann in der Zobelmütze recht hat, dass mein Minister ein Esel ist, und dass die Prinzessin Brambilla einem miserablen Schauspieler nachläuft.« »Ho ho!« rief nun die Dame noch zorniger, als vorher, »ho ho, wagt Ihr es, aus diesem Ton mit mir zu sprechen, so will ich Euch nur sagen, dass, wenn Ihr ein trauriger Prinz sein wollt, mir jener Schauspieler, den Ihr erbärmlich nennt und den ich mir, ist er auch zur Zeit auseinandergenommen, immer wieder zusammennähen lassen kann, noch immer viel werter erscheint, als Ihr. Geht doch fein zu Eurer Putzmacherin, zu der kleinen Giacinta Soardi, der Ihr ja sonst, wie ich höre auch nachgelaufen seid und erhebt sie auf Euern Thron, den irgendwo hinzustellen, es Euch noch gänzlich an einem Stückchen Land mangelt! – Gott befohlen für jetzt!« – *S. 136–138*

Abb. 46: Siebter Kupferstich. Giglio trifft Prinzessin Brambilla auf dem Corso.

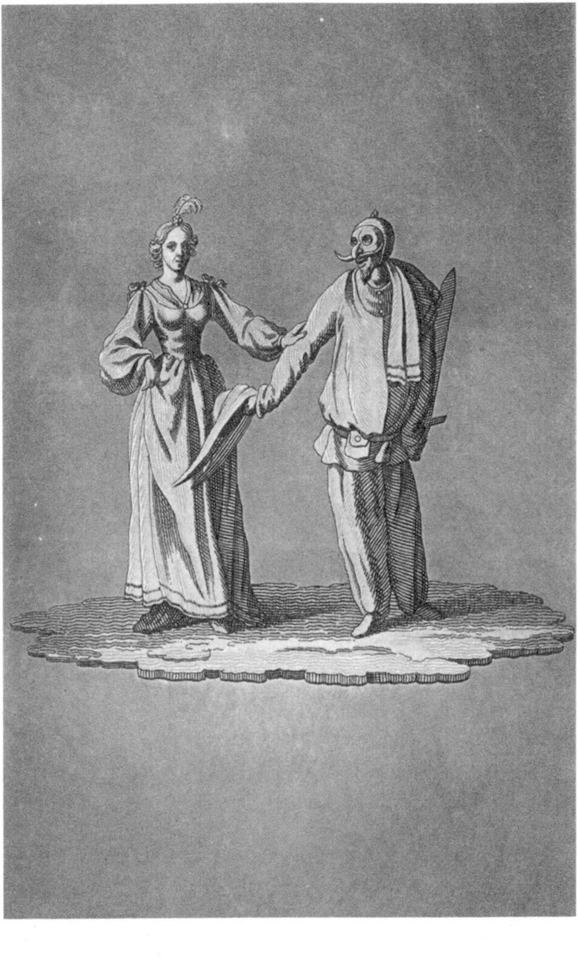

Damit zog die Prinzessin einen kleinen zierlichen Samtpantoffel hervor und reichte ihn dem Prinzen hin, der ihn, nachdem er feierlich der Prinzessin ewige unwandelbare Treue geschworen, so wahr er zu existieren gedenke, dreimal küsste. Sowie dieses geschehen, erscholl ein lautes, durchdringendes: »Brambure bil bal – Alamonsa kikiburva son-ton –!« Das Paar war umringt von jenen, in reiche Talare verhüllten Damen, die, wie der geneigte Leser sich erinnern wird, im ersten Kapitel eingezogen in den Palast Pistoja, und hinter denen die zwölf reich gekleideten Mohren standen, welche aber, statt der langen Spieße, hohe wunderbar glänzende Pfauenfedern in den Händen hielten, die sie in den Lüften hin- und herschwangen. Die Damen warfen aber Filetschleier über das Paar, die immer dichter und dichter es zuletzt verhüllten in tiefe Nacht. *S. 140–142*

Abb. 47: Achter Kupferstich. Giglio küsst den Samtpantoffel von Prinzessin Brambilla.

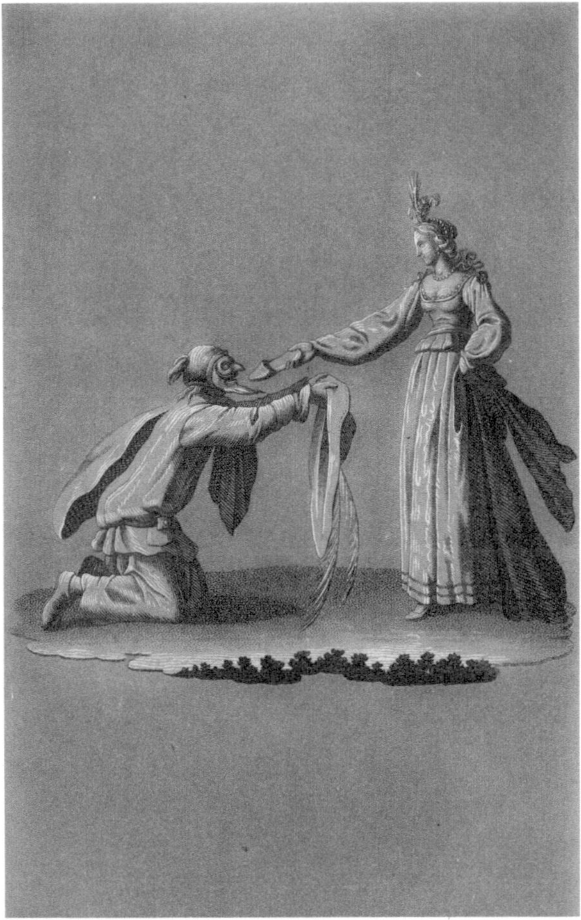

Anhang

Textnachweise

Aus den Werken E.T.A. Hoffmanns wird nach folgenden Ausgaben zitiert:

Der Sandmann · Das öde Haus. Mit einem Nachw. und Anm. von Harald Neumeyer. Stuttgart: Reclam, 2022. (Universal-Bibliothek. Sonderausgabe. 11404.) S. 14f.

Klein Zaches genannt Zinnober. Ein Märchen. Nachw. von Gerhard R. Kaiser. Stuttgart: Reclam, 1985 [u.ö.] (Universal-Bibliothek. 306.) S. 6, 83.

Lebens-Ansichten des Katers Murr nebst fragmentarischer Biographie des Kapellmeisters Johannes Kreisler in zufälligen Makulaturblättern. Mit Anhang und Nachw. hrsg. von Hartmut Steinecke. Bibliogr. erg. Ausg. Stuttgart: Reclam, 2017. (Universal-Bibliothek. 153.) S. 37f., 348, 424, 61, 443.

Nussknacker und Mausekönig. Mit einem Nachw. und Anm. von Alina Boy. Stuttgart: Reclam, 2022. (Universal-Bibliothek. Sonderausgabe. 11403.) S. 25f. – Der Text dieser Ausgabe beruht auf dem ersten Band der *Serapions-Brüder*, Berlin 1819; er wurde unter Wahrung des Lautstands modernisiert, die Zeichensetzung blieb gewahrt.

Prinzessin Brambilla. Ein Capriccio nach Jakob Callot. Hrsg. von Wolfgang Nehring. Bibliogr. erg. Ausg. Stuttgart: Reclam, 1995. (Universal-Bibliothek. 7953.) S. 23, 45–47, 65, 68, 105, 116, 136–138, 140–142.

Die Orthographie wurde unter Wahrung des Lautstands und grammatischer Eigenheiten modernisiert. Die wörtliche Rede wurde dem heutigen Gebrauch angepasst; ansonsten folgt die Interpunktion dem Erstdruck bzw. der Ausgabe letzter Hand.

Verzeichnis der Abbildungen

Abb. 1: Umschlag zu den *Lebens-Ansichten des Katers Murr*, Erster Band, Vorderseite: Kater Murr am Schreibpult. Kupferstich von Carl Friedrich Thiele nach einer Zeichnung Hoffmanns. Berlin, Herbst 1821. – E. T. A. Hoffmann: Sämtliche Werke in sechs Bänden. Bd. 5: Lebens-Ansichten des Katers Murr. Werke 1820–1821. Hrsg. von Hartmut Steinecke unter Mitarb. von Gerhard Allroggen. Frankfurt a. M.: Deutscher Klassiker Verlag 1992. Tafel 1, nach S. 944.

Abb. 2: Vorlage für den Umschlag zu den *Lebens-Ansichten des Katers Murr*, Zweiter Band, Vorderseite: Der Kater Murr und Miesmies im Keller. Kupferstich von Carl Friedrich Thiele nach einer Zeichnung Hoffmanns. Berlin, Herbst 1821. – Ebd. Tafel 2, nach S. 944.

Abb. 3: Vorlage für den Umschlag zu den *Lebens-Ansichten des Katers Murr*, Zweiter Band, Rückseite: Der schlaftrunkene Pater Hilarius mit angezündeter Fackel im Hof des Klosters Kanzheim auf dem Wege zu den nächtlichen Exequien für den Adjutanten des Prinzen Hektor. Kupferstich von Carl Friedrich Thiele nach einer Zeichnung Hoffmanns. Berlin, Herbst 1821. – Ebd. Tafel 3, nach S. 944.

Abb. 4: Kreisler im Wahnsinn. Bleistiftzeichnung, Berlin 1822. Auf der Rückseite Entwurf zum Schluss des *Meister Floh*. Das Original ist nicht erhalten. – Handzeichnungen E. T. A. Hoffmanns in Faksimilelichtdruck nach den Originalen. Mit einer Einleitung: E. T. A. Hoffmann als bildender Künstler. Hrsg. von Walter Steffen und Hans von Müller. Berlin [1925]. [Reprogr. Nachdr. der Ausg. Hildesheim 1973.] Tafel 10.

Abb. 5: Selbstbildnis Hoffmanns als Kapellmeister Johannes Kreisler in Haustracht. Federzeichnung in Braun und Deckfarben, entstanden zwischen Januar und Februar 1815. Staatsbibliothek Bamberg, I R 65.

Abb. 6: Todesanzeige für Hoffmanns eigenen Kater, namensgleich mit der Titelfigur des Romans (dritte Fassung, Original). Feder in Dunkelbraun auf chamoisfarbigem Halbkarton mit schwarz gedrucktem Trauerrand, 60 × 92 mm. Berlin, 1. Dezember 1821. Staatsbibliothek Bamberg, EvS.G H 4/2.

Abb. 7: Quartblatt mit den Schriftzügen des Katers Murr. Tinte und Federzeichnung in Dunkelbraun, 20,3 × 17,1 cm. Berlin, 1818–1821. Adressat ist Theodor Gottlieb von Hippel (1775–1843). Staatsbibliothek Bamberg, EvS.G H 4/1.

Abb. 8: Klein Zaches auf dem Schoß der Fee Rosabelverde. Umschlagillustration (Rückseite) für die Erstausgabe von *Klein Zaches genannt Zinnober*, entstanden 1818 in Berlin. Den Kupferstich fertigte Carl Friedrich Thiele nach Hoffmanns Zeichnung an. – E. T. A. Hoffmann: Sämtliche Werke in sechs Bänden. Bd. 3: Nachtstücke. Klein Zaches. Prinzessin Brambilla. Werke 1816–1820. Hrsg. von Hartmut Steinecke unter Mitarb. von Gerhard Allroggen. Frankfurt a. M.: Deutscher Klassiker Verlag, 1985. Abb. 4, nach S. 920.

Abb. 8: Prosper Alpanus, auf dem Rücken eines Insekts fliegend. Umschlagillustration (Rückseite) für die Erstausgabe von *Klein Zaches genannt Zinnober*, entstanden 1818 in Berlin. Den Kupferstich fertigte Carl Friedrich Thiele nach Hoffmanns Zeichnung an. – Ebd. Abb. 5, nach S. 920.

Abb. 10: Illustration zur Erzählung *Der Sandmann*: Coppelius erscheint im Haus von Nathanaels Vater, der ihn begrüßt; der Knabe sieht angstvoll durch die Vorhänge eines offenen Schrankes zu. Die originale Federzeichnung in Braun auf chamoisfarbigem Büttenpapier von 1815 ist nicht erhalten. – Handzeichnungen E. T. A. Hoffmanns in Faksimilelichtdruck nach den Originalen. Mit einer Einleitung: E. T. A. Hoffmann als bildender Künstler. Hrsg. von Walter Steffen und Hans von Müller. Berlin [1925]. [Reprogr. Nachdr. der Ausg. Hildesheim 1973.] Tafel 43.

Abb. 11: Titelvignette zu Hoffmanns Kindermärchen *Nußkna[c]ker und Mausekönig*. Lithographie, braun, rot, graublau und gelb koloriert. Die Originalzeichnung Hoffmanns ist nicht erhalten (Tusche in Sepia oder Grau auf Papier). – E. T. A. Hoffmann: Nußkna[c]ker und Mausekönig. In: Kinder-Mährchen von E. W. Contessa [Carl Wilhelm Salice-Contessa], Friedrich Baron de la Motte Fouqué und E. T. A. Hoffmann. Mit drei illumin. und drei schwarzen Vignetten. Berlin: In der Realschulbuchhandlung, 1816. S. 115–271, Titelvignette vor S. 115 als Einzelblatt eingebunden.

Abb. 12: Zeichnung Hoffmanns, möglicherweise gedacht als Titelvignette für die *Fantasiestücke*. Die originale Federzeichnung in Braun auf chamoisfarbigem Papier ist nicht erhalten. Sie ist überliefert in: Phönix. Frühlings-Zeitung für Deutschland. Herausgegeben von Dr. Eduard Duller. Jahrgang 1835. Zweites Halbjahr. Frankfurt a. M.: J. D. Sauerländer. Nr. 243. Mittwoch, 14. Oktober. [Als Beilage auf der Schlussseite des Heftes mit dem Hinweis: »Dieser Nummer sind: bis jetzt unbekannt gebliebene Handzeichnungen von E. T. A. Hoffmann, beigefügt.«] – E. T. A. Hoffmann: Sämtliche Werke in sechs Bänden. Bd. 2/1: Fantasiestücke in Callot's Manier. Werke 1814. Hrsg. von Hartmut Steinecke unter Mitarb. von Gerhard Allroggen und Wulf Segebrecht. Frankfurt a. M.: Deutscher Klassiker Verlag, 1993. Abb. 3, nach S. 536.

Abb. 13: Der Kunz'sche Riss. Das Original (Feder, Bleistift oder Kreide auf chamoisfarbigem Papier) ist nicht erhalten. – Handzeichnungen E. T. A. Hoffmanns in Faksimilelichtdruck nach den Originalen. Mit einer Einleitung: E. T. A. Hoffmann als bildender Künstler. Hrsg. von Walter Steffen und Hans von Müller. Berlin [1925]. [Reprogr. Nachdr. der Ausg. Hildesheim 1973.] Tafel 27.

Abb. 14: Ausschnitt aus dem Kunz'schen Riss (Mitte, »Theater Gebäude«).

Abb. 15: Ausschnitt aus dem Kunz'schen Riss (Mitte, »Theater Gebäude«).

Abb. 16: Ausschnitt aus dem Kunz'schen Riss (Mitte, »Theater Gebäude«).

Abb. 17: Ausschnitt aus dem Kunz'schen Riss (oben links).

Abb. 18: Ausschnitt aus dem Kunz'schen Riss (Mitte links).

Abb. 19: Ausschnitt aus dem Kunz'schen Riss (oben Mitte).

Abb. 20: Ausschnitt aus dem Kunz'schen Riss (oben Mitte).

Abb. 21: Ausschnitt aus dem Kunz'schen Riss (unten rechts).

Abb. 22: Ausschnitt aus dem Kunz'schen Riss (unten rechts).

Abb. 23: Ausschnitt aus dem Kunz'schen Riss (unten rechts).

Abb. 24: Ausschnitt aus dem Kunz'schen Riss (oben rechts).

Abb. 25: »Der graue Mann« aus Chamissos *Peter Schlemihl*. Die originale Federzeichnung in Braun auf chamoisfarbigem Papier von 1815 ist nicht erhalten. Sie ist überliefert in: Phönix. Frühlings-Zeitung für Deutschland (vgl. Abb. 12). – E. T. A. Hoffmann: Sämtliche Werke in sechs Bänden. Bd. 2/1: Fantasiestücke in Callot's Manier. Werke 1814.

Hrsg. von Hartmut Steinecke. Frankfurt a.M.: Deutscher Klassiker Verlag, 1993. Abb. 10, nach S. 536.

Abb. 26: Zwerg mit Aktenmappe, in die Luft pissend. Bleistiftzeichnung, Datum unbestimmt. Das Original ist nicht erhalten. – Handzeichnungen E.T.A. Hoffmanns in Faksimilelichtdruck nach den Originalen. Mit einer Einleitung: E.T.A. Hoffmann als bildender Künstler. Hrsg. von Walter Steffen und Hans von Müller. Berlin [1925]. [Reprogr. Nachdr. der Ausg. Hildesheim 1973.] Tafel 32.

Abb. 27: Antonio Dall'Occa, ein Kontrabassist, konzertspielend. Die originale Federzeichnung in Braun auf chamoisfarbigem Briefpapier ist nicht erhalten. – E.T.A. Hoffmanns Briefwechsel. Ges. und erl. von Hans von Müller und Friedrich Schnapp. Hrsg. von Friedrich Schnapp. Bd. 2: Berlin 1814–1822. München 1968. Nach S. 272.

Abb. 28: Behandlung eines dicken durch einen dünnen Mann (wahrscheinlich ein Barbier). Die originale Bleistiftzeichnung auf chamoisfarbigem Papier, entstanden in Berlin 1822, ist nicht erhalten. – Handzeichnungen E.T.A. Hoffmanns in Faksimilelichtdruck nach den Originalen. Mit einer Einleitung: E.T.A. Hoffmann als bildender Künstler. Hrsg. von Walter Steffen und Hans von Müller. Berlin [1925]. [Reprogr. Nachdr. der Ausg. Hildesheim 1973.] Tafel 11a.

Abb. 29: Die Regierungsräte Johann Christoph Marggraff (stehend) und von Klöber (sitzend) als Hunde. Die originale Federzeichnung in Braun auf chamoisfarbigem Papier, entstanden 1804/05 in Warschau, ist nicht erhalten. – Ebd. Tafel 29.

Abb. 30: Brand des Schauspielhauses am Gendarmenmarkt am 29. Juli 1817 und die dadurch verursachte Gefährdung des Berliner Seehandlungs-Gebäudes durch C.W.F. Unzelmanns brennend aufsteigende Perücke sowie die Rettung des Staatskredits durch einen Gardejäger. Federzeichnung in Braun auf chamoisfarbigem Papier, leicht gebräunt, 7,1 × 10,2 cm. Berlin, 25. November 1817. Staatsbibliothek Bamberg, EvS.G H 2/1.

Abb. 31: Abb. 31: Bühnenbildentwurf Hoffmanns: Das brennende Schloss aus Kleists *Käthchen von Heilbronn*, 1811. Feder und Pinsel in Schwarz, grau laviert, auf grünlichem Papier, entstanden in Bamberg August–September 1811. Das Original ist nicht erhalten. – Handzeichnungen E. T. A. Hoffmanns in Faksimilelichtdruck nach den Originalen. Mit einer Einleitung: E. T. A. Hoffmann als bildender Künstler. Hrsg. von Walter Steffen und Hans von Müller. Berlin [1925]. [Reprogr. Nachdr. der Ausg. Hildesheim 1973.] Tafel 4.

Abb. 32: Karikatur drei junger Räte der Warschauer Regierung: Friedrich Ferdinand David Siebenhaar (links, geb. 1776, ein verschuldeter Dandy), Emanuel Goldschmid von Goldenberg (Mitte, gest. 1812) und Friedrich Schartow (rechts). Pinsel in lasierendem Auftrag mit Deckfarben auf chamoisfarbigem Papier. Das 1804 in Warschau entstandene Original ist nicht erhalten. – Ebd. Tafel 26.

Abb. 33: Politische Karikatur: Die Exorcisten. Der Teufel, welcher die Dame Gallia lange besessen, wird durch verbündete Kräfte endlich ausgetrieben, und fährt in die Gergesener Heerden. Radierung auf chamoisfarbigem Papier, koloriert, 245 × 198 mm. Das Original, Bleistift und Deckfarben auf chamoisfarbigem Papier, ist nicht erhalten. Leipzig, 5.–7. März 1814. Staatsbibliothek Bamberg, OFS.G H 2.

Abb. 34: Brief an Ludwig Devrient vom 9. Januar 1821. 1 Doppelblatt (1 Seite) mit einer Selbstkarikatur, Federzeichnung in Braun, 16,8 × 11,0 cm. Staatsbibliothek Bamberg, Autogr. H 66.

Abb. 35: Brief an Theodor Gottlieb von Hippel vom 22. Mai 1821. 1 Doppelblatt (1 Seite) mit einem Selbstporträt, Federzeichnung in Braun, 22,7 × 13,9 cm. Staatsbibliothek Bamberg, Autogr. H 31a.

Abb. 36: Studienkopf en profil. Die originale Federzeichnung in Braun auf chamoisfarbigem Papier (Bamberg 1808–1813?) ist nicht erhalten. Sie ist überliefert in: Phönix. Frühlings-Zeitung für Deutschland (vgl. Abb. 12). – Elisabeth Langer: E. T. A. Hoffmann als Zeichner und Maler. 2 Bde. Diss. masch. Graz 1980. Nr. 87.

Abb. 37: »Deux! Trois! Quatre! Cinq!« Junger Gast (wohl Hoffmann selbst) bei Lutter & Wegner mit Weinglas, im Hintergrund ein Mann am Flügel. Bleistiftzeichnung auf chamoisfarbigem Papier. Berlin, 26. Mai 1819. Das Original ist nicht erhalten. – Handzeichnungen E. T. A. Hoffmanns in Faksimilelichtdruck nach den Originalen. Mit einer Einleitung: E. T. A. Hoffmann als bildender Künstler. Hrsg. von Walter Steffen und Hans von Müller. Berlin [1925]. [Reprogr. Nachdr. der Ausg. Hildesheim 1973.] Tafel 21.

Abb. 38: Der Bamberger Arzt Dr. Pfeufer untersucht auf der Zungenspitze von Carl Friedrich Kunz eine kleine Blase. Hoffmann zeichnet die Szene. Radierung von August Hoffmann (1810–1872) auf chamoisfarbigem Papier, 68 × 114 mm, nach einer im Original nicht erhaltenen Bleistiftzeichnung E.T.A. Hoffmanns, Stuttgart 1839. – E.T.A. Hoffmann's Erzählungen aus seinen letzten Lebensjahren, sein Leben und Nachlaß. In fünf Bänden. Hrsg. von Micheline Hoffmann, geb. Rorer [i.e. Julius Eduard Hitzig.] Mit [10] Kupfern und Facsimile. Stuttgart: Fr. Brodhag'sche Buchhandlung, 1839. Bd. 2. Abb. vor S. 331. Exemplar Staatsbibliothek Bamberg, L.g.o.390-2.

Abb. 39: Selbstbildnis mit ironisierenden physiognomischen Erläuterungen. Radierung von J.B. Sonderland (1805–1878) auf chamoisfarbigem Velin-Papier. Hoffmanns Erläuterungen mit zugehörigen Buchstaben stehen unter dem Porträt. Die originale Bleistift- und Federzeichnung auf chamoisfarbigem Papier, entstanden in Berlin 1815/16, ist nicht erhalten. Die Erläuterungen standen dort rechts neben dem Porträt. – E.T.A. Hoffmann's Erzählungen aus seinen letzten Lebensjahren, sein Leben und Nachlaß. In fünf Bänden. Hrsg. von Micheline Hoffmann, geb. Rorer [i.e. Julius Eduard Hitzig.] Mit [10] Kupfern und Facsimile. Stuttgart: Fr. Brodhag'sche Buchhandlung, 1839. Bd. 1. Abb. vor dem Hauptteil. Exemplar Staatsbibliothek Bamberg, L.g.o.390-1.

Abb. 40: Giglio in der Maske mit Pantalon. Erster einer Serie von acht Kupferstichen, gestochen 1820 von Carl Friedrich Thiele in Berlin, als Illustrationen für die Ausgabe der *Prinzessin Brambilla* (bei Josef Max, Breslau 1821). Eine Vorzeichnung Hoffmanns (Bleistift und Deckfarben in Sepiabraun auf chamoisfarbigem Papier) ist als Reproduktion in einem Auktionskatalog (Leipzig 1911) erhalten. – E.T.A. Hoffmann: Späte Werke. [Nach dem Text der Erstausg. unter Hinzuziehung der Ausg. von Carl Georg von Maassen u.a. Mit einem Nachw. von Walter Müller-Seidel und Anm. von Wulf Segebrecht. Mit den Ill. von Theodor Hosemann zur ersten Gesamtausg. von 1844/1845, sowie 8 Ill. nach Callot und 2 Kupfern zum Erstdruck der Irrungen.] München: Winkler, 1965.

Abb. 41: Zweiter Kupferstich. Giglios erste Begegnung mit Prinzessin Brambilla. – Ebd.

Abb. 42: Dritter Kupferstich. Giglios Doppelgänger tanzt mit Prinzessin Brambilla. – Ebd.

Abb. 43: Vierter Kupferstich. Giglio tanzt mit seinem Doppelgänger. – Ebd.

Abb. 44: Fünfter Kupferstich. Giglio tanzt mit der »unbekannten Schönen«. – Ebd.

Abb. 45: Sechster Kupferstich. Giglio kämpft mit seinem Doppelgänger. – Ebd.

Abb. 46: Siebter Kupferstich. Giglio trifft Prinzessin Brambilla auf dem Corso. – Ebd.

Abb. 47: Achter Kupferstich. Giglio küsst den Samtpantoffel von Prinzessin Brambilla. – Ebd.

Literaturhinweise

Brandl-Risi, Bettina: Bild/Gemälde/Zeichnung. In: E. T. A. Hoffmann-Handbuch. Leben – Werk – Wirkung. Hrsg. von Christine Lubkoll und Harald Neumeyer. Stuttgart 2015. S. 356–362.

Brandstetter, Gabriele: Dem Bild entsprungen. Skripturale und pikturale Beziehungen in Texten (bei E. T. A. Hoffmann, Honoré de Balzac und Hugo von Hofmannsthal). In: Zwischen Text und Bild. Zur Funktionalisierung von Bildern in Texten und Kontext. Hrsg. von Annegret Heitmann und Joachim Schiedermair. Freiburg i. Br. 2000. S. 223–236.

Bromhoff, Katrin: Bildende Kunst und Dichtung. Die Selbstinterpretation E. T. A. Hoffmanns in der Kunst Jacques Callots und Salvator Rosas. Freiburg i. Br. 1999.

Grimm, Reinhold: Die Formbezeichnung »Capriccio« in der deutschen Literatur des 19. Jahrhunderts. In: Studien zur Trivialliteratur. Hrsg. von Heinz Otto Burger. Frankfurt a. M. [2]1976. S. 101–116.

Hampel, Anna: Rezeption in der Bildenden Kunst. In: E. T. A. Hoffmann-Handbuch. Leben – Werk – Wirkung. Hrsg. von Christine Lubkoll und Harald Neumeyer. Stuttgart 2015. S. 427–428.

Heigel, Christian: Ästhetik der Künste. Bildende Kunst und Musik im Lichte Salvator Rosas bei E. T. A. Hoffmann. In: Salvator Rosa in Deutschland. Studien zu seiner Rezeption in Kunst, Literatur und Musik. Hrsg. von Achim Aurnhammer [u. a.]. Freiburg i. Br. 2008. S. 263–277.

Kovalenko, Lyudmyla: Bildungsexperimente: Kunst, Krankheit und Karikatur bei E. T. A. Hoffmanns *Kater Murr* und Thomas Manns *Zauberberg*. Diss. Northampton (MA) 2009.

Langer, Elisabeth: E. T. A. Hoffmann als Zeichner und Maler. 2 Bde. Diss. masch. Graz 1980.

Latifi, Kaltërina / Mattuschek, Oliver: Dall Occa. Concertspielen. Eine Zeichnung von E. T. A. Hoffmann aus der Sammlung Stefan Zweig. Bamberg/Salzburg 2015.

Lee, Hyun-Sook: Die Bedeutung von Zeichnen und Malerei für die Erzählkunst E. T. A. Hoffmanns. Frankfurt a. M. 1985.

Leitherer, Hans: Betrachtungen zu E. T. A. Hoffmanns Karikatur eines

Geigers im Quartett. In: Mitteilungen der E. T. A. Hoffmann-Gesellschaft 8 (1962) S. 22–24.

Nieberle, Sigrid: Zeichen/Schrift/Partitur. In: E. T. A. Hoffmann-Handbuch. Leben – Werk – Wirkung. Hrsg. von Christine Lubkoll und Harald Neumeyer. Stuttgart 2015. S. 404–408.

Oesterle, Günter: Das Capriccio in der Literatur. In: Das Capriccio als Kunstprinzip. Zur Vorgeschichte der Moderne von Arcimboldo und Callot bis Tiepolo und Goya. Malerei – Zeichnung – Graphik. Hrsg. von Ekkehard Mai. Mailand 1996. S. 187–191.

– Arabeske/Groteske/Karikatur. In: E. T. A. Hoffmann-Handbuch. Leben – Werk – Wirkung. Hrsg. von Christine Lubkoll und Harald Neumeyer. Stuttgart 2015. S. 339–345.

Ponert, Dietmar Jürgen: E. T. A. Hoffmann – das bildkünstlerische Werk. Ein kritisches Gesamtverzeichnis. Bd. 1: Text. Bd. 2: Abbildungen. Hrsg. von der Staatsbibliothek Bamberg. Petersberg 2012.

Rummel, Volkmar: Hoffmann als Zeichner. In: E. T. A. Hoffmann Handbuch. Leben – Werk – Wirkung. Hrsg. von Christine Lubkoll und Harald Neumeyer. Stuttgart 2015. S. 231–233.

– Enslerische Phantasmagorien. Intermedialität und Intertextualität in Erzählungen von E. T. A. Hoffmann, Chamisso und Jean Paul. Erlangen 2016.

Schmidt, Ricarda: Wenn mehrere Künste im Spiel sind. Intermedialität bei E. T. A. Hoffmann. Göttingen 2006.

Steigerwald, Jörn: Die fantastische Bildlichkeit der Stadt. Zur Begründung der literarischen Fantastik im Werk E. T. A. Hoffmanns. Würzburg 2001.